श्रीमद्भगवद्गीता

दोहा रूपांतरण (संपूर्ण)

श्रीमद्भगवद्गीता

दोहा रूपांतरण (संपूर्ण)

डॉ. जगमोहन शर्मा

ज्ञान गंगा, दिल्ली

प्रकाशक : ज्ञान गंगा, 2/42, अंसारी रोड, दरियागंज, नई दिल्ली–110002
सर्वाधिकार : सुरक्षित / संस्करण : 2025 / मूल्य : पाँच सौ रुपए
मुद्रक : श्री साई प्रिंटर्स, साहिबाबाद ISBN 978-93-93111-46-3

SHRIMADBHAGWADGITA *by* Dr. Jagmohan Sharma ₹ 500.00
Published by **GYAN GANGA**
2/42, Ansari Road, Daryaganj, New Delhi-110002

॥ श्री शारदायै नमः ॥

जीवन मूलतः एक रहस्यमय गूढ़ पहेली है। इसे हल करने के लिए इसकी कुंजी चाहिए, जिसका नाम है दर्शन—इसे समझे बिना यह मूल निधि (जीवन) पंच तत्त्वों में विलीन हो जाती है।

जीवन-दर्शन इस पहेली को हल करने में परम सहायक एवं मंजिल तक ले जाने में एक कुशल पथ-प्रदर्शक की भूमिका का निर्वहन करता है। सर्वप्रथम हम जीवन-दर्शन के कुछ अहम बिंदुओं पर विचार करते हैं।

संपूर्ण जीवन-दर्शन अपने दो पैरों पर खड़ा है। इसका दायाँ पैर अध्यात्मवाद एवं बायाँ पैर भौतिकवाद है। जीवन को लक्ष्य पर पहँचने के लिए दोनों ही पैर अति आवश्यक हैं। अगर ये दोनों ही आपसी द्वेष और विरोधी मानसिकता अपना लें तब? तब लक्ष्य तो दिवास्वप्न बनकर ही रह जाएगा। अतः ये एक-दूसरे के पूरक हैं।

सर्वप्रथम हम बाएँ चरण पर विचार करें तो सुगमता होगी, अर्थात् भौतिकवाद के अंतर्गत यह दृश्य-जगत्, शरीर, अन्न, जल, भवन, धन, रेल, मोटर, मंदिर, मसजिद, चर्च, गुरुद्वारा अर्थात् जो भी नष्ट होने वाले स्वभाव की वस्तुएँ हैं, वे सारी ही भौतिकवाद की सीमा में आती हैं।

दायाँ चरण अर्थात् अध्यात्मवाद के क्षेत्र में, ईश्वर, आत्मा, मन, विचार बुद्धि, आदि अनेक नाम, जो आभासित तो होते हैं, पर उन्हें देखा या छुआ नहीं जा सकता। ये सब अध्यात्म की परिधि में आते हैं। ये दोनों ही चरण जीवन

के आदि से अंत तक आवश्यक हैं। यह संपूर्ण दर्शन 'श्रीमद्भगवद्गीता' में सूक्ष्मता से समाया हुआ है।

अतः यह ग्रंथ ही जीवन की जटिलतम पहेली की सरलतम कुंजी है। जो किसी धर्म विशेष की ही नहीं, मानव जाति की अमूल्य धरोहर ही नहीं, अपितु जीवन के उद्धार एवं कल्याण की कुंजी है।

मूल गीता संस्कृत में होने के कारण जन-साधारण के लिए जटिल अवश्य है, परंतु इसकी हिंदी में अनेक व्याख्याएँ उपलब्ध होते हुए भी जटिलता के बोझ को कम नहीं कर पातीं।

अस्तु, गीता भगवान् श्रीकृष्ण एवं अर्जुन के मध्य हुआ संवाद है, जो कुल अठारह अध्यायों एवं 700 श्लोकों में पूर्ण होता है।

इन 700 श्लोकों को माँ शारदा की असीम कृपा ने मेरी कलम से दोहों में ढलवा दिया। इसके पूर्व मेरे मन में एक विचार उपजा, जिसका संक्षेप में उल्लेख कर रहा हूँ : जब रणक्षेत्र में दोनों सेनाओं की ओर से शंख बजाए जा चुके थे, तब अर्जुन श्रीकृष्ण महाराज से रथ को दोनों सेनाओं के बीच ले चलने को कहते हैं, जिससे रण में आए वीर योद्धाओं को देख सकें।

भगवान् श्रीकृष्ण रथ को दोनों सेनाओं के बीच में खड़ा कर देते हैं, जहाँ सामने भीष्म पितामह और आचार्य द्रोणाचार्य खड़े थे। सामने सारे सगे-संबंधियों को देखकर अर्जुन का मन मोह के वशीभूत हो गया, कर्तव्य-कर्म से भ्रमित हो गया, कंठ सूखने लगा, तन में कँपकँपी होने लगी तथा गांडीव को कर में थामना कठिन प्रतीत होने लगा। विषादपूर्ण मुद्रा में श्रीकृष्ण से संक्षिप्त वार्त्तालाप कर अर्जुन गांडीव को उतार रथ के पिछले भाग में रखकर बैठ गया।

तब दूसरे अध्याय के ग्यारहवें श्लोक से गीता प्रारंभ होकर 700 श्लोकों में पूर्ण होती है। इतने लंबे संवाद में कुछ घंटों का समय तो लगा ही होगा। यही मूल प्रश्न है कि पांडवों की सेना तो घंटों क्या महीनों खड़ी रह सकती थी; परंतु कौरवों की सेना क्यों खड़ी रही?

मूल संवाद श्रीकृष्ण और अर्जुन के मध्य है। यह प्रश्न मैंने अपने कई स्वजनों, सज्जनों, साधु-संतों से कालांतर में पूछा, पर अधिकांश लोग उलझ

गए, कई मौन रह गए, कुछ ने उत्तर भी दिए। पर न मुझे संतुष्टि हुई और न उन्हें। तब मैंने गीता का अध्ययन आरंभ किया। परंतु जटिलता हावी रही। इधर दोहे मुझ पर परम दयालु थे ही, तब मैंने माँ शारदा की कृपा से गीता को दोहों में ढालने की लघु चेष्टा की।

गीता के दोहों में लिखने से परम संतोष तो हुआ, परंतु मूल प्रश्न अभी भी वहीं खड़ा है। हाँ, इस दिशा में कुछ तथ्य सामने आए, जो प्रस्तुत हैं।

उपलब्ध गीता में संस्कृत के मुख्य-मुख्य भाष्यों और अनेक टीकाओं के अतिरिक्त अन्य 52 ग्रंथों से श्लोक लिये गए हैं। तब गीता का प्रथम संकलन संवत् 1896 में गीता प्रेस गोरखपुर से प्रकाशित हुआ, जिसका नाम था—'गीतातत्त्वांक'।

वर्तमान में जो गीता अधिक प्रचलित है, उसका नाम 'तत्त्वविवेचनी' टीका है। इसके अलावा अन्य कई संस्करण मेरी दृष्टि में आए। लेकिन सर्वाधिक प्रभावित किया—परम श्रद्धेय स्वामी रामसुखदासजी द्वारा हिंदी में टीका 'श्रीमद्भगवद्गीता साधक संजीवनी' ने। क्योंकि इसमें सूक्ष्म तत्त्वों की विवेचना-विश्लेषण विस्तार से किया गया है।

इन्हीं श्लोकों में भगवान् श्रीकृष्ण के श्रीमुख से उच्चरित जो श्लोक हैं, वही मूल गीता है। और इन श्लोकों की संख्या कम ही होगी। यहाँ पुनः प्रश्न पनपता है कि वे मूल श्लोक कौन-कौन से हैं? और उनको पहचानें कैसे?

इस हेतु कोई सही साधक, जो सतत साधना लीन हो, वह इस ज्ञान-सागर में गोते लगाकर उन मोतियों को निकालकर हमें दे, तभी यह मूल संक्षिप्त गीता हमें प्राप्त हो सकती है।

अन्य उपाय यह भी हो सकता है कि कोई सात्त्विक गुण चरित्रवाला भक्त अपने निर्मल अंत:करण से गीता सुने और जिस श्लोक को सुनकर उसके हृदय-कमल में हलचल हो, उसे वह इंगित करे। उन श्लोकों को अलग लिख लिया जाए, तभी उपलब्धि संभाव्य है।

अत: मेरी अभिलाषा पूर्ण या अपूर्ण रहना यह श्रीहरि इच्छा पर निर्भर करता है।

संपूर्ण गीता दोहों में ढली, माँ शारदा की कृपा। यह सर्व कल्याणकारी सिद्ध हो, यही शुद्ध अंतःकरण की कामना है। हाँ, मेरे मानवीय प्रयास में त्रुटियाँ होना सहज बात है। इसके लिए मैं ज्ञानियों तथा तत्त्वज्ञानियों एवं कवियों से क्षमा की हृदय से याचना करता हूँ। वे आशीष दें, यह 'दोहा रूपांतरण' सर्व कल्याणकारी सिद्ध हो, पुनः सभी को नमन। अस्तुः।

विनीत

—डॉ. जगमोहन शर्मा

अनुक्रम

॥ श्री शारदायै नमः ॥

अथ प्रथम अध्याय

अर्जुन विषाद योग

(श्लोक 47)

••• अंततः दोनों ओर से युद्ध की तैयारी पूरी हो गई। तब वेद व्यास महाराज ने धृतराष्ट्र से पूछा, "यदि तुम घोर संग्राम देखना चाहते हो, तब मैं तुम्हें दिव्य नेत्र प्रदान कर दूँ।" तब धृतराष्ट्र ने कहा, "'ब्रह्मर्षि श्रेष्ठ' मैं कुल के इस हत्याकांड को अपनी आँखों से देखना तो नहीं चाहता, लेकिन युद्ध का पूर्ण वृत्तांत अच्छी तरह से सुनना अवश्य चाहता हूँ।"

महर्षि वेद व्यास ने तब संजय को दिव्यदृष्टि प्रदान करके धृतराष्ट्र से कहा, "यह संजय युद्ध का पूर्ण वृत्तांत सुनाएँगे, ये युद्ध की सारी घटनाएँ देख और सुन सकेंगे, ये सब बातों को ज्यों-की-त्यों जान लेंगे, इनके शरीर को कोई शस्त्र नहीं छू पाएगा, और न ही इन्हें थकावट होगी।

"यह होनी है, अवश्य होगी, इस सर्वनाश को कोई नहीं रोक सकेगा। अंत में धर्म की जय होगी।"

महर्षि व्यास के जाने के बाद धृतराष्ट्र के पूछने पर संजय युद्ध का हाल विस्तार से सुनाते रहे। यहीं से गीता का प्रथम अध्याय आरंभ होता है। जो कि महाभारत भीष्म पर्व का पच्चीसवाँ अध्याय है। इसके आरंभ में—

धृतराष्ट्र संजय से प्रश्न करते हैं—

"धर्मक्षेत्रे कुरुक्षेत्रे समवेता युयुत्सवः।
मामकाः पाण्डवाश्चैव किमकुर्वत सञ्जय॥"

॥ श्री शारदायै नमः ॥

श्रीमद्भगवद्गीता रूपांतरण (संपूर्ण दोहों में)

~ प्रथमोध्याय ~

• **धृतराष्ट्र उवाच—**

धर्मक्षेत्रे कुरुक्षेत्रे समवेता युयुत्सवः।
मामकाः पाण्डवाश्चैव किमकुर्वत सञ्जय॥ 1॥

दोहा—

धर्म भूमि कुरुक्षेत्र में, रणप्रिय जुड़े बतायँ।
मेरे पुत्रों, पाण्डु सुत, क्या कुछ करें सुनायँ॥

~•~

• **संजय उवाच—**

दृष्ट्वा तु पाण्डवानीकं व्यूढं दुर्योधनस्तदा।
आचार्यमुपसङ्गम्य राजा वचनमब्रवीत्॥ 2॥

दोहा—

नृप दुर्योधन पाण्डव, सेना व्यूहाकार।
देख निकट जा द्रोण के, वचन कहे यह सार॥

~•~

पश्यैतां पाण्डुपुत्राणामाचार्य महतीं चमूम्।
व्यूढां द्रुपदपुत्रेण तव शिष्येण धीमता॥ 3॥

दोहा—

देखें, हे आचार्यवर! द्रुपद पुत्र कृत सार।
पाण्डवों की ये बड़ी सेना व्यूहाकार॥

~•~

अत्र शूरा महेष्वासा भीमार्जुनसमा युधि।
युयुधानो विराटश्च द्रुपदश्च महारथः॥ 4॥

दोहा—

इस सेना में धनुर्धर, अर्जुन भीम समान।
द्रुपद, सात्यकि वीर हैं, नृप विराट दें ध्यान॥

~•~

धृष्टकेतुश्चेकितानः काशिराजश्च वीर्यवान्।
पुरुजित्कुन्तिभोजश्च शैब्यश्च नरपुङ्गवः॥ 5॥

दोहा—

धृष्टकेतु, पुरुजित् तथा काशिराज बलवान।
चेकितान से वीर हैं, कुंतीभोज महान॥

~•~

युधामन्युश्च विक्रान्त उत्तमौजाश्च वीर्यवान्।
सौभद्रो द्रौपदेयाश्च सर्व एव महारथाः॥ 6॥

दोहा—

उत्तमौजा संग शैब्य, युधामन्यु से वीर।
सुभद्रा सुत अभिमन्यु से, महारथी सब धीर॥

~•~

अस्माकं तु विशिष्टा ये तान्निबोध द्विजोत्तम।
नायका मम सैन्यस्य संज्ञार्थं तान्ब्रवीमि ते॥ 7॥

दोहा—

देखें! ब्राह्मण श्रेष्ठ, हों अवगत लें जान।
मेरी सेना में खड़े, जो-जो सकल प्रधान॥

~•~

भवान्भीष्मश्च कर्णश्च कृपश्च समितिञ्जयः।
अश्वत्थामा विकर्णश्च सौमदत्तिस्तथैव च॥ 8॥

दोहा—

आप, पितामह, कर्ण हैं, कृपाचार्य भी साथ।
अश्वत्थामा, विकर्णः, सोमदत्त सुत नाथ॥

~•~

अन्ये च बहवः शूरा मदर्थे त्यक्तजीविताः।
नानाशस्त्रप्रहरणाः सर्वे युद्धविशारदाः॥ 9॥

दोहा—

शूरवीर रणबाँकुरे, जीवन आशा त्याग।
शस्त्र सिद्ध मेरे लिए युद्ध निपुण लें भाग॥

~•~

अपर्याप्तं तदस्माकं बलं भीष्माभिरक्षितम्।
पर्याप्तं त्विदमेतेषां बलं भीमाभिरक्षितम्॥ 10॥

दोहा—

सेना रक्षित पितामह, अपनी सबल अजेय।
जीत सुगम अपनी वहाँ, भीम ही रक्षक रेय॥

~•~

अयनेषु च सर्वेषु यथाभागमवस्थिताः।
भीष्ममेवाभिरक्षन्तु भवन्तः सर्व एव हि॥ 11॥

दोहा—

अपनी जगह व मोरचा, स्थित रहें हर छोर।
रक्षा करिए भीष्म की, दृढ़ता से सब ओर॥

~•~

तस्य संजनयन्हर्षं कुरुवृद्धः पितामहः।
सिंहनादं विनद्योच्चैः शङ्खं दध्मौ प्रतापवान्॥ 12॥

दोहा—

हृदय हर्ष उत्पन्न हो, दुर्योधन हर्षाय।
सिंहनाद सम गरज के, भीष्म शंख बजाय॥

~•~

ततः शङ्खाश्च भेर्यश्च पणवानकगोमुखाः।
सहसैवाभ्यहन्यन्त स शब्दस्तुमुलोऽभवत्॥ 13॥

दोहा—

ढोल, नगारे, शंख हैं, नरसिंघे के साज।
साथ मृदंग बजे हुई, भीषण शब्दावाज॥

~•~

ततः श्वेतैर्हयैर्युक्ते महति स्यन्दने स्थितौ।
माधवः पाण्डवश्चैव दिव्यौ शङ्खौ प्रदध्मतुः॥ 14॥

दोहा—

श्रीकृष्ण अर्जुन सहित, श्वेत अश्व रथ लायँ।
अलौकिक जो शंख थे, मिलकर संग बजायँ॥

~•~

पाञ्चजन्यं हृषीकेशो देवदत्तं धनञ्जयः।
पौण्ड्रं दध्मौ महाशङ्खं भीमकर्मा वृकोदरः॥ 15॥

दोहा—

शंख नाम पाञ्चजन्य, लेकर कृष्ण बजात।
देवदत्त अर्जुन बजा, पोंड्र भीम उठात॥

~•~

अनन्तविजयं राजा कुन्तीपुत्रो युधिष्ठिरः।
नकुलः सहदेवश्च सुघोषमणिपुष्पकौ ॥ 16 ॥

दोहा—

नाम अनन्त विजय शंख, उठा युधिष्ठिर लेव।
बजे सुघोष, मणिपुष्पक, नकुल संग सहदेव ॥

~•~

काश्यश्च परमेष्वासः शिखण्डी च महारथः।
धृष्टद्युम्नो विराटश्च सात्यकिश्चापराजितः ॥ 17 ॥

दोहा—

महारथी हैं शिखंडी, काशीराज विराट।
अजेय राजन सात्यकि, धृष्टद्युम्न के ठाट ॥

~•~

द्रुपदो द्रौपदेयाश्च सर्वशः पृथिवीपते।
सौभद्रश्च महाबाहुः शङ्खान्दध्मुः पृथक्पृथक् ॥ 18 ॥

दोहा—

पाँच द्रौपदी सुत गणों, राजा द्रुपद दिखायँ।
सुभद्रा सुत अभिमन्यु सब, नाना शंख बजायँ ॥

~•~

स घोषो धार्तराष्ट्राणां हृदयानि व्यदारयत्।
नभश्च पृथिवीं चैव तुमुलो व्यनुनादयन् ॥ 19 ॥

दोहा—

शब्द भयानक से तभी, गूँजा-थल-आकाश।
कौरव पक्ष सेना हुई, हृदय विदीर्ण निराश ॥

~•~

अथ व्यवस्थितान् दृष्ट्वा धार्तराष्ट्रान्कपिध्वजः।
प्रवृत्ते शस्त्रसंपाते धनुरुद्यम्य पाण्डवः॥ 20॥

दोहा—

अर्जुन कपिध्वज मोरचा, बाँध हुआ तैयार।
धनुष उठा कौरव तके, वचन कहे यह सार॥

~•~

हृषीकेशं तदा वाक्यमिदमाह महीपते।
सेनयोरुभयोर्मध्ये रथं स्थापय मेऽच्युत॥ 21॥

दोहा—

हे अच्युत! रथ ले चलें, द्वय सेनाओं बीच।
वहीं खड़ा कर दीजिए, अश्व चल दिए खींच॥

~•~

यावदेतान्निरीक्षेऽहं योद्धुकामानवस्थितान्।
कैर्मया सह योद्धव्यमस्मिन्रणसमुद्यमे॥ 22॥

दोहा—

मैं जब तक रणक्षेत्र में, तकूँ युद्ध मन ताप।
युद्ध उचित किनसे मुझे, रथ रोकें बस आप॥

~•~

योत्स्यमानानवेक्षेऽहं य एतेऽत्र समागताः।
धार्तराष्ट्रस्य दुर्बुद्धेर्युद्धे प्रियचिकीर्षवः॥ 23॥

दोहा—

दुर्योधन, दुर्बुद्धि हित, कौन युद्ध को आय।
नृप देखूँ जो सामने, जिनको रण अति भाय॥

~•~

एवमुक्तो हृषीकेशो गुडाकेशेन भारत।
सेनयोरुभयोर्मध्ये स्थापयित्वा रथोत्तमम्॥ 24॥

दोहा—

नृप! सुन अर्जुन के वचन, श्रीकृष्ण महाराज।
द्वय पक्षों के बीच में, रथ के रोके बाज॥

~•~

भीष्मद्रोणप्रमुखतः सर्वेषां च महीक्षिताम्।
उवाच पार्थ पश्यैतान्समवेतान्कुरूनिति॥ 25॥

दोहा—

द्रोण पितामह सामने, रोक कहा सुन धीर।
देख कौरवों को जुटे, पार्थ! यद्ध को वीर॥

~•~

तत्रापश्यत्स्थितान्पार्थः पितृनथ पितामहान्।
आचार्यान्मातुलान्भ्रातृन्पुत्रान्पौत्रान्सखींस्तथा॥ 26॥

दोहा—

ताऊ, काका, मीत, सुत, दादे, मामे साथ।
पौत्र, भ्रात, साथी, ससुर, साथ खड़े गुरुनाथ॥
लोग सुहृदयी द्विय ओर, देख पार्थ नत माथ॥

~•~

तान्समीक्ष्य स कौन्तेयः सर्वान्बन्धूनवस्थितान्।
कृपया परयाऽऽविष्टो विषीदन्निदमब्रवीत्॥ 27॥

दोहा—

सकल बंधुगण देख के, अति करुणायुत नैन।
शोकाकुल अर्जुन तभी, बोले यह कुछ बैन॥

~•~

• **अर्जुन उवाच—**

दृष्ट्वेमं स्वजनं कृष्ण युयुत्सुं समुपस्थितम्॥ 28॥
सीदन्ति मम गात्राणि मुखं च परिशुष्यति।
वेपथुश्च शरीरे मे रोमहर्षश्च जायते॥ 29॥

दोहा—

युद्धक्षेत्र में कृष्ण यह, डटा कुटुम समुदाय॥
रण इच्छा से सामने, सुजन सभी हैं पाय।
अंगशिशिल, मुखशुष्कमम, कंपनदेहसमाय॥

~•~

गाण्डीवं स्रंसते हस्तात्त्वक्चैव परिदह्यते।
न च शक्नोम्यवस्थातुं भ्रमतीव च मे मनः॥ 30॥

दोहा—

गाण्डीव कर से गिरे, त्वचा अगन सताय।
अब मेरा मन अति भ्रमित, खड़ा समर्थ न पाय॥

~•~

निमित्तानि च पश्यामि विपरीतानि केशव।
न च श्रेयोऽनुपश्यामि हत्वा स्वजनमाहवे॥ 31॥

दोहा—

केशव! लक्षणों को सभी, देख रहा विपरीत।
मार सुजन समुदाय को, श्रेय न देखूँ मीत॥

~•~

न काङ्क्षे विजयं कृष्ण न च राज्यं सुखानि च।
किं नो राज्येन गोविन्द किं भोगैर्जीवितेन वा॥ 32॥

दोहा—

कृष्ण! विजय चाहूँ नहीं, राज सुखों का भोग।
राज हेतु गोविंद क्या, जीवन लाभ न योग॥

येषामर्थे काङ्क्षितं नो राज्यं भोगाः सुखानि च।
त इमेऽवस्थिता युद्धे प्राणांस्त्यक्त्वा धनानि च॥ 33॥

दोहा—

कृष्ण! हमें जिनके लिए, राजभोग सुख सार।
प्राण आश, धन त्याग ये, युद्ध हेतु तैयार॥

~•~

आचार्याः पितरः पुत्रास्तथैव च पितामहाः।
मातुलाः श्वशुराः पौत्राः श्यालाः सम्बन्धिनस्तथा॥ 34॥

दोहा—

गुरुजन, ताऊ, पौत्र, सुत, दादे, काका लोग।
संबंधी, साले, ससुर, मामे जैसे योग॥

~•~

एतान्न हन्तुमिच्छामि घ्नतोऽपि मधुसूदन।
अपि त्रैलोक्यराज्यस्य हेतोः किं नु महीकृते॥ 35॥

दोहा—

मैं इनको वध लूँ नहीं, तीन लोक का राज।
मधुसूदन! फिर भूमि क्या, मुझे मार दें आज॥

~•~

निहत्य धार्तराष्ट्रान्नः का प्रीतिः स्याज्जनार्दन।
पापमेवाश्रयेदस्मान्हत्वैतानाततायिनः ॥ 36॥

दोहा—

कौरव हन कर जनार्दन! क्या प्रसन्न हम आप।
आततायियों को वधें, हमें लगेगा पाप॥

~•~

तस्मान्नार्हा वयं हन्तुं धार्तराष्ट्रान्स्वबान्धवान्।
स्वजनं हि कथं हत्वा सुखिनः स्याम माधव॥ 37॥

दोहा—

माधव! अपने बांधव, मारें हम नहिं योग।
हन कुटुंब क्या हों सुखी, कैसे भोगें भोग॥

~•~

यद्यप्येते न पश्यन्ति लोभोपहतचेतसः।
कुलक्षयकृतं दोषं मित्रद्रोहे च पातकम्॥ 38॥

दोहा—

चित्त भ्रष्ट ये लोभ में, भूल नष्ट कुल दोष।
मित्र द्रह का पाप हो, क्षीण पुण्य का कोष॥

~•~

कथं न ज्ञेयमस्माभिः पापादस्मान्निवर्तितुम्।
कुलक्षयकृतं दोषं प्रपश्यद्भिर्जनार्दन॥ 39॥

दोहा—

हम जानें जो जनार्दन, कुल दोषों का सार।
हटें क्यों नहीं पाप से, मिलकर करें विचार॥

~•~

कुलक्षये प्रणश्यन्ति कुलधर्माः सनातनाः।
धर्मे नष्टे कुलं कृत्स्नमधर्मोऽभिभवत्युत॥ 40॥

दोहा—

नाश सनातन कुल धरम, कुल में फैले पाप।
पाप बढ़े, संपूर्ण कुल झेले अति संताप॥

~•~

अधर्माभिभवा कृष्ण प्रदुष्यन्ति कुलस्त्रियः।
स्त्रीपु दुष्टासु वार्ष्णेय जायते वर्णसंकरः॥ 41॥

दोहा—

पाप बढ़े कुल नारियाँ, अति दूषित हो जायँ।
जब दूषित हों नारियाँ, वर्ण संकरी आयँ॥

~•~

संकरो नरकायैव कुलघ्नानां कुलस्य च।
पतन्ति पितरो ह्येषां लुप्तपिण्डोदकक्रियाः॥ 42॥

दोहा—

कुल घाती संकर वरण, कुल को नर्क पठायँ।
लुप्त पिंड जल श्राद्ध बिन, पितर अधोगति पायँ॥

~•~

दोषैरेतैः कुलघ्नानां वर्णसंकरकारकैः।
उत्साद्यन्ते जातिधर्माः कुलधर्माश्च शास्वताः॥ 43॥

दोहा—

वर्ण संकरी दोष से, कुलघाती ही आयँ।
धर्म सनातन जाति कुल, सभी नष्ट हो जायँ॥

~•~

उत्सन्नकुलधर्माणां मनुष्याणां जनार्दन।
नरकेऽनियतं वासो भवतीत्यनुशुश्रुम॥ 44॥

दोहा—

जिसकामिटताकुलधरम, नर्कअनिश्चितपाय।
वह जन भोगे जनार्दन, ऐसा सुनते आय॥

~•~

अहो बत महत्पापं कर्तुं व्यवसिता वयम्।
यद्राज्यसुखलोभेन हन्तुं स्वजनमुद्यताः॥ 45॥

दोहा—

बुद्धिमान हम लोग हा! पाप हेतु तैयार।
लोभ राजसुख के लिए, सुजन हने कुल सार॥

~•~

यदि मामप्रतीकारमशस्त्रं शस्त्रपाणयः।
धार्तराष्ट्रा रणे हन्दुस्तन्मे क्षेमतरं भवेत्॥ 46॥

दोहा—

शस्त्र रहित अब मैं खड़ा, कौरव हर लें प्राण।
यही मृत्यु मेरे लिए, अधिक लगे कल्याण॥

~•~

• संजय उवाच—

एवमुक्यार्जुनः संख्ये रथोपस्थ उपाविशत्।
विसृज्य सशरं चापं शोकसंविग्नमानस॥ 47॥

दोहा—

ऐसा कह रणभूमि में, धनुष-वाण सब त्याग।
अर्जुन बैठा शोक मन, रथ के पिछले भाग॥

ॐ

॥ इति प्रथम अध्याय॥

□

॥ श्री शारदायै नमः ॥

अथ द्वितीय अध्याय

सांख्ययोग

(श्लोक 72)

इस अध्याय में शरणागत अर्जुन द्वारा अपने शोक की निवृत्ति का उपाय पूछे जाने पर प्रथम तीस श्लोकों तक भगवान् ने आत्मा तत्त्व का वर्णन किया है।

सांख्ययोग के साधन में आत्मतत्त्व का श्रवण-मनन और निदिध्यासन ही मुख्य है। इसी अध्याय के 30वें श्लोक के बाद स्वधर्म करके कर्मयोग का स्वरूप भी समझाया गया है। परंतु आदेश का आरंभ सांख्ययोग से हुआ है, जो अधिक विस्तार से है। इसलिए इस अध्याय का नाम 'सांख्योग' रखा गया है।

प्रथम अध्याय में शंखध्वनि के बाद अर्जुन ने अपना रथ श्रीकृष्ण से दोनों सेनाओं के मध्य ले जाकर खड़ा करने के लिए कहा। इसके बाद दोनों सेनाओं में खड़े निज समुदाय को देखकर शोक और मोह के कारण युद्ध से अर्जुन के विमुख हो जाने की ओर अस्त्र-शस्त्र त्यागकर विषाद करते हुए रथ के पिछले भाग में बैठ जाना, यहीं प्रथम अध्याय समाप्त होता है।

इसी गंभीर स्थिति में भगवान् श्रीकृष्ण ने अर्जुन से क्या बातें कहीं एवं किस प्रकार से उसे युद्ध करने के लिए पुनः तैयार किया। यही सब बतलाने के लिए संजय अर्जुन की स्थिति का वर्णन करते हुए दूसरे अध्याय का आरंभ करते हैं।

• संजय उवाच—

तं तथा कृपयाऽविष्टमश्रुपूर्णाकुलेक्षणम्।
विषीदन्तमिदं वाक्यमुवाच मधुसूदनः॥ 1॥

दोहा—

करुणा व्यापी तब सजल, भारी व्याकुल नैन।
अर्जुन शोकाकुल दिखा, कृष्ण कहें यह बैन॥

~•~

• श्री कृष्ण उवाच—

कुतस्त्वा कश्मलमिदं विषमे समुपस्थितम्।
अनार्यजुष्टमस्वर्ग्यमकीर्तिकरमर्जुन ॥2॥

दोहा—

अर्जुन असमय क्यों तुझे, कौन हेतु यह मोह।
नहीं उच्च पुरु आचरण, कीरति स्वर्ग विछोह॥

~•~

क्लैब्यं मा स्म गमः पार्थ नैतत्त्वय्युपपद्यते।
क्षुद्रं हृदयदौर्बल्यं त्यक्त्वोत्तिष्ठ परन्तप॥ 3॥

दोहा—

पार्थ! नपुंसक मत बने, समुचित नहीं प्रतीत।
हृदय तुच्छता क्षीणता, तज उठ रण को मीत॥

~•~

• अर्जुन उवाच—

कथं भीष्ममहं संख्ये द्रोणं च मधुसूदन।
इषुभिः प्रतियोत्स्यामि पूजार्हावरिसूदन॥ 4॥

दोहा—

मधुसूदन! रणभूमि में, कैसे छोड़ूँ वाण।
भीष्म, द्रोण द्वय पूज्य, लड़ूँ नहीं कल्याण॥

गुरुनहत्वा हि महानुभावान्श्रे
यो भोक्तुं भैक्ष्यमपीह लोके।
हत्वार्थकामांस्तु गुरूनिहैव
भुञ्जीय भोगान् रुधिरप्रदिग्धान्॥ 5॥

दोहा—

भीख माँग खाऊँ भले, गुरु वध करूँ न श्याम।
रक्त सने उस अर्थ से, भोगूँ राज न काम॥

~•~

न चैतद्विद्मः कतरन्नो गरीयो
यद्वा जयेम यदि वा नो जयेयुः।
यानेव हत्वा न जिजीविषाम
स्तेऽवस्थिताः प्रमुखे धार्तराष्ट्राः॥ 6॥

दोहा—

युद्ध उचित अथवा नहीं, कौन विजयी अज्ञात।
हम जीना चाहें नहीं, इनको वध यह बात॥

~•~

कार्पण्यदोषोपहतस्वभावः
पृच्छामि त्वां धर्मसंमूढचेताः।
यच्छ्रेयः स्यान्निश्चितं ब्रूहि तन्मे
शिष्यस्तेऽहं शाधि मां त्वां प्रपन्नम्॥ 7॥

दोहा—

धर्म विमुख उपहत हृदय, चित्त मोह संताप।
शिष्य आपका शरण दें, मुझको शिक्षा आप॥

~•~

न हि प्रपश्यामि ममापनुद्या
द्यच्छोकमुच्छोषणमिन्द्रियाणाम्।
अवाप्य भूमावसपत्नमृद्धम्
राज्यं सुराणामपि चाधिपत्यम्॥ 8॥

दोहा—

राज मिले नम-भूमिका, दिखता नहीं उपाय।
शोक कर सके दूर जो, इंद्रिय नहीं सुखाय॥

~•~

• संजय उवाच—

एवमुक्त्वा हृषीकेशं गुडाकेशः परन्तप।
न योत्स्य इति गोविन्दमुक्त्वा तूष्णीं बभूव ह॥ 9॥

दोहा—

निद्राजयी! गोविंद से, बोला 'सुनिए आप।
नहीं करूँगा युद्ध मैं,' अर्जुन कह चुपचाप॥

~•~

तमुवाच हृषीकेशः प्रहसन्निव भारत।
सेनयोरुभयोर्मध्ये विषीदन्तमिदं वचः॥ 11॥

दोहा—

शोक मगन अर्जुन नृपति, झुका लिये तब नैन।
द्वय सेनाओं बीच में, कृष्ण कहें हँस बैन॥

~•~

• श्री कृष्ण उवाच—

अशोच्यानन्वशोचस्त्वं प्रज्ञावादांश्च भाषसे।
गतासूनगतासूंश्च नानुशोचन्ति पण्डिताः॥ 11॥

दोहा—

शोक जोग जो है नहीं, क्यों कर उनका शोक।
पंडित सी बातें करें, तभी रहा मैं टोक॥ अ॥
ज्ञानी जन करते नहीं, किसी तरह का लोभ।
जिये मेरे कोई भले, पंडित करें न क्षोभ॥ ब॥

न त्वेवाहं जातु नासं न त्वं नेमे जनाधिपाः।
न चैव न भविष्यामः सर्वे वयमतः परम्॥ 12॥

दोहा—

ऐसा तो है ही नहीं, मैं तू ये नृप लोग।
किसी काल में थे नहीं, या अब होंय न योग॥

~•~

देहिनोऽस्मिन्यथा देहे कौमारं यौवनं जरा।
तथा देहान्तरप्राप्तिर्धीरस्तत्र न मुह्यति॥ 13॥

दोहा—

शिशु युवा या बृद्धपन, देही रहे समान।
पाय धीर पुरु अन्य तन, मोहित होय न जान॥

~•~

मात्रास्पर्शास्तु कौन्तेय शीतोष्णसुखदुःखदाः।
आगमापायिनोऽनित्यास्तांस्तितिक्षस्व भारत॥ 14॥

दोहा—

सरद गरम सुख दुख विषय, इंद्रिय जन्य प्रभाव।
भारत! विषय अनित्य सब, सहले मत रख चाव॥

~•~

यं हि न व्यथयन्त्येते पुरुषं पुरुषर्षभ।
समदुःखसुखं धीरं सोऽमृतत्वाय कल्पते॥ 15॥

दोहा—

पुरुष समझता श्रेष्ठ जो, सुख दुख सदा समान।
विषय व्याकुल न धीर हो, मोक्ष पात्र यह जान॥

~•~

नासतो विद्यते भावो नाभावो विद्यते सतः।
उभयोरपि दृष्टोऽन्तस्त्वनयोस्तत्त्वदर्शिभिः॥ 16॥

दोहा—

असत् वस्तु सत्ता नहीं, सत् का नहीं अभाव।
उभय तत्त्व ज्ञानी तके, तत्त्व जान बरताव॥

~•~

अविनाशि तु तद्विद्धि येन सर्वमिदं ततम्।
विनाशमव्ययस्यास्य न कश्चित् कर्तुमर्हति॥ 17॥

दोहा—

नाशरहित समझे उसे, व्याप जगत् निर्माण।
अविनाशी को दे मिटा, नहि बलशाली प्राण॥

~•~

अन्तवन्त इमे देहा नित्यस्योक्ताः शरीरिणः।
अनाशिनोऽप्रमेयस्य तस्माद्युध्यस्व भारत॥ 18॥

दोहा—

नित्य रूप जीवात्मा, नश्वर सकल शरीर।
पार्थ, युद्ध कर तू अतः, यही उचित धर धीर॥

~•~

य एनं वेत्ति हन्तारं यश्चैनं मन्यते हतम्।
उभौ तौ न विजानीतो नायं हन्ति न हन्यते॥ 19॥

दोहा—

हंता समझे आत्मा, या यह मारी जाय।
मारे-मरे न आत्मा, मनुज जान नहिं पाय॥

~•~

न जायते म्रियते वा कदाचि न्नायं भूत्वा भविता वा न भूयः।
अजो नित्यः शाश्वतोऽयं पुराणो न हन्यते हन्यमाने शरीरे॥ 21॥

दोहा—

जनमे मरे न आत्मा, चाहे कोई काल।
नित्य सनातन पुरातन, देह मरे हर हाल॥

~•~

वेदाविनाशिनं नित्यं य एनमजमव्ययम्।
कथं स पुरुषः पार्थ कं घातयति हन्ति कम्॥ 21॥

दोहा—

जो जन जाने आत्मा, नित्य अजन्मा होय।
वह मारे मरवाय क्या, कैसे कहदे कोय॥

~•~

वासांसि जीर्णानि यथा विहाय नवानि गृह्णाति नरोऽपराणि।
तथा शरीराणि विहाय जीर्णा न्यन्यानि संयाति नवानि देही॥ 22॥

दोहा—

वस्त्र पुराने त्याग ज्यों, धारन वस्त्र नवीन।
देह पुरानी आत्मा, त्याग नई पा चीन॥

~•~

नैनं छिन्दन्ति शस्त्राणि नैनं दहति पावकः।
न चैनं क्लेदयन्त्यापो न शोषयति मारुतः॥ 23॥

दोहा—

अग्नि जला नहिं जल गला, शस्त्र छेद न पाय।
वायु सुखादे आत्मा, कभी न अवसर आय॥

~•~

अच्छेद्योऽयमदाह्योऽयमक्लेद्योऽशोष्य एव च।
नित्यः सर्वगतः स्थाणुरचलोऽयं सनातनः॥ 24॥

दोहा—

जले, गले, सूखे नहीं, छेदन कभी न जान।
नित्य सनातन आत्मा, स्थिर अचल यह मान॥

~•~

अव्यक्तोऽयमचिन्त्योऽयमविकार्योऽयमुच्यते।
तस्मादेवं विदित्वैनं नानुशोचितुमर्हसि ॥ 25॥

दोहा—

कहें अव्यक्त आत्मा, निर्विकार यह होय।
अनित्य जाने हो दुखी, अर्जुन! अनुचित तोय॥

~•~

अथ चैनं नित्यजातं नित्यं वा मन्यसे मृतम्।
तथापि त्वं महाबाहो नैवं शोचितुमर्हसि॥ 26॥

दोहा—

यदि तू माने आत्मा, जन्म लेय मर जाय।
शोक जोग तू है नहीं, तब क्यों शेक मनाय॥

~•~

जातस्य हि ध्रुवो मृत्युर्ध्रुवं जन्म मृतस्य च।
तस्मादपरिहार्येऽर्थे न त्वं शोचितुमर्हसि॥ 27॥

दोहा—

जन्म लेय निश्चित मरे, मरे जन्म फिर पाय।
बिनउपायकायहविषय, अनुचितचिंतितकाय॥

~•~

अव्यक्तादीनि भूतानि व्यक्तमध्यानि भारत।
अव्यक्तनिधनान्येव तत्र का परिदेवना॥ 28॥

दोहा—

जन्म-मृत्यु के बीच ही, प्राणी प्रकट दिखाय।
अप्रकट पहले-बाद में, तब क्यों शोक मनाय॥

~•~

आश्चर्यवत्पश्यति कश्चिदेन माश्चर्यवद्वदति तथैव चान्यः।
आश्चर्यवच्चैनमन्यः श‍ृणोति श्रुत्वाप्येनं वेद न चैव कश्चित्॥ 29॥

दोहा—

महापुरुष देखे सुने, वर्णन करते लेख।
पढ़ सुन कोई आत्मा, अचरज पाय न देख॥

~•~

देही नित्यमवध्योऽयं देहे सर्वस्य भारत।
तस्मात्सर्वाणि भूतानि न त्वं शोचितुमर्हसि॥ 30॥

दोहा—

अवध्य सदैव आत्मा, सबके तन में होय।
सब भूतों का शोक तू, करता उचित न तोय॥

~•~

स्वधर्ममपि चावेक्ष्य न विकम्पितुमर्हसि।
धर्म्याद्धि युद्धाच्छ्रेयोऽन्यत्क्षत्रियस्य न विद्यते॥ 31॥

दोहा—

देख! समझ अपना धरम, क्या कारण भयभीत।
धर्म युद्ध अति श्रेयकर, क्षत्रिय न दूजी रीत॥

~•~

यदृच्छया चोपपन्नं स्वर्गद्वारमपावृतम्।
सुखिनः क्षत्रियाः पार्थ लभन्ते युद्धमीदृशम्॥ 32॥

दोहा—

पार्थ! अपने आप खुले, मिले स्वर्ग के द्वार।
क्षत्रिय पाए युद्ध अस, भाग्यवान ही सार॥

~•~

अथ चैत्त्वमिमं धर्म्यं संग्रामं न करिष्यसि।
ततः स्वधर्मं कीर्तिं च हित्वा पापमवाप्स्यसि॥ 33॥

दोहा—

धर्मयुद्ध यदि ना करे, स्वधर्म कीर्ति खोय।
यही हानि होगी बड़ी, पाप मिलेगा तोय॥

~•~

अकीर्तिं चापि भूतानि कथयिष्यन्ति तेऽव्ययाम्।
संभावितस्य चाकीर्तिर्मरणादतिरिच्यते॥ 34॥

दोहा—

बहुत काल अपकीर्ति का, कथन करेंगे लोग।
अपकीर्ति मृत्यु से बड़ी, माननीय पुरु भोग॥

~•~

भयाद्रणादुपरतं मंस्यन्ते त्वां महारथाः।
येषां च त्वं बहुमतो भूत्वा यास्यसि लाघवम्॥ 35॥

दोहा—

पाया जिनकी दृष्टि में, पहले अति सम्मान।
भयवश भागा युद्ध से, लघुता पाए जान॥

~•~

अवाच्यवादांश्च बहून् वदिष्यन्ति तवाहिताः।
निन्दन्तस्तव सामर्थ्यं ततो दुःखतरं नु किम्॥ 36॥

दोहा—

बैरी कह अनुचित वचन, निंदारत हों जान।
क्षमता को आलोचना, अति दुखदायी मान॥

~•~

हतो वा प्राप्स्यसि स्वर्गं जित्वा वा भोक्ष्यसे महीम्।
तस्मादुत्तिष्ठ कौन्तेय युद्धाय कृतनिश्चयः॥ 37॥

दोहा—

मरे युद्ध में स्वर्ग पा, जीत भूमि का राज।
निश्चय कर हो जा खड़ा, अर्जुन रण को आज॥

~•~

सुखदुःखे समे कृत्वा लाभालाभौ जयाजयौ।
ततो युद्धाय युज्यस्व नैवं पापमवाप्स्यसि॥ 38॥

दोहा—

हानिलाभजयपराजय, सुखदुखसमझसमान।
यही समझ तैयार हो, युद्ध पाप मत जान॥

~•~

एषा तेऽभिहिता सांख्ये बुद्धिर्योगे त्विमां शृणु।
बुद्ध्यायुक्तो यया पार्थ कर्मबन्धं प्रहास्यसि॥ 39॥

दोहा—

यही सांख्ययोग पार्थ! समबुद्धि बतलाय।
कर्मयोग का विषय सुन, कर्मबंध कट जाय॥

~•~

नेहाभिक्रमनाशोऽस्ति प्रत्यवायो न विद्यते।
स्वल्पमप्यस्य धर्मस्य त्रायते महतो भयात्॥ 40॥

दोहा—

कर्मयोग फल दोष नहिं, बीज नाश नहिं होय।
कर्मयोग इस धर्म का, अंश मरण भय खोय॥

~•~

व्यवसायात्मिका बुद्धिरेकेह कुरुनन्दन।
बहुशाखा ह्यनन्ताश्च बुद्धयोऽव्यवसायिनाम्॥ 41॥

दोहा—

कर्मयोगमय बुद्धि हो, निश्चयात्मक एक।
विवेकहीन सकाम हो, संशय बुद्धि अनेक॥

~•~

यामिमां पुष्पितां वाचं प्रवदन्त्यविपश्चितः।
वेदवादरताः पार्थ नान्यदस्तीति वादिनः॥ 42॥

दोहा—

तन्मय भोगों में रहें, वेद वाक्यो प्रीति।
कर्म फलों के प्रशंसक, बुद्धि स्वर्ग पा रीति॥

~•~

कामात्मानः स्वर्गपरा जन्मकर्मफलप्रदाम्।
क्रियाविशेषबहुलां भोगैश्वर्यगतिं प्रति॥ 43॥

दोहा—

इन अविवेकी के वचन, मात्र दिखावा मीत।
जन्म कर्म फल भोग ने, ऐश्वर्य पा नीत॥

~•~

भोगैश्वर्यप्रसक्तानां तयापहृतचेतसाम्।
व्यवसायात्मिका बुद्धिः समाधौ न विधीयते॥ 44॥

दोहा—

चित्त हरे वाणी यही, ध्येय आसक्ति एक।
बुद्धि नहीं निश्चयात्मक, भटकें भेद अनेक॥

~•~

त्रैगुण्यविषया वेदा निस्त्रैगुण्यो भवार्जुन।
निर्द्वन्द्वो नित्यसत्त्वस्थो निर्योगक्षेम आत्मवान्॥ 45॥

दोहा—

भोग त्रिय गुणों, साधनों, उक्त बताएँ वेद।
अर्जुन! मत रख आसक्ति, जान समझ ले भेद॥ अ॥
शोक द्वंद्व से रहित हो, नित्य वस्तु भगवान।
योगक्षेम इच्छित न हो, मुक्त हृदय रम ध्यान॥ ब॥

~•~

यावानर्थ उदपाने सर्वतः संप्लुतोदके।
तावान्सर्वेषु वेदेषु ब्राह्मणस्य विजानतः॥ 46॥

दोहा—

पूर्ण जलाशय पाय जो, तब लघु से क्या काम।
ब्रह्मतत्त्व पंडित समझ, वेद प्रयोजन नाम॥

~•~

कर्मण्येवाधिकारस्ते मा फलेषु कदाचन।
मा कर्मफलहेतुर्भूर्मा ते सङ्गोऽस्त्वकर्मणि॥ 47॥

दोहा—

तू अधिकारी कर्म का, फल का कभी न मान।
नहीं कर्म फल हेतु बन, अकर्मण्य मत जान॥

~•~

योगस्थः कुरु कर्माणि सङ्गं त्यक्त्वा धनञ्जय।
सिद्ध्यसिद्ध्योः समो भूत्वा समत्वं योग उच्यते॥ 48॥

दोहा—

त्याग आसक्ति धनंजय! सिद्धि असिद्धि समान।
कर्म करे कर्तव्य के, योग समत्व महान॥

~•~

दूरेण ह्यवरं कर्म बुद्धियोगाद्धनञ्जय।
बुद्धौ शरणमन्विच्छ कृपणाः फलहेतवः॥ 49॥

दोहा—

अति लघु श्रेणी कर्म की, बुद्धि योग से चीन।
आश्रय ले समबुद्धि का, बने हेतु फल दीन॥

~•~

बुद्धियुक्तो जहातीह उभे सुकृतदुष्कृते।
तस्माद्योगाय युज्यस्व योगः कर्मसु कौशलम्॥ 50॥

दोहा—

पाप पुण्य इहि लोग तज, युक्त समबुद्धि पाय।
कर्म कुशल यह मान तू, कर्मबंध छुट जाय॥

~•~

कर्मजं बुद्धियुक्ता हि फलं त्यक्त्वा मनीषिणः।
जन्मबन्धविनिर्मुक्ताः पदं गच्छन्त्यनामयम्॥ 51॥

दोहा—

ज्ञानी जन समबुद्धि युत, करें कर्म फल त्याग।
जन्म बंध से मुक्त हों, पायँ परम पद जाग॥

~•~

यदा ते मोहकलिलं बुद्धिर्व्यतितरिष्यति।
तदा गन्तासि निर्वेदं श्रोतव्यस्य श्रुतस्य च॥ 52॥

दोहा—

मोहरूपदल-दलफँसी, जिसक्षण बुद्धिहटाय।
भोग नष्ट द्वय लोक के, तब बैराग्य पाय॥

~•~

श्रुतिविप्रतिपन्ना ते यदा स्थास्यति निश्चला।
समाधावचला बुद्धिस्तदा योगमवाप्स्यसि॥ 53॥

दोहा—

शास्त्र भेद बुद्धि भ्रमित, जब निश्चल हो जोग।
बुद्धि अचल तब ईश में, तू पाएगा योग॥

~•~

• अर्जुन उवाच—

स्थितप्रज्ञस्य का भाषा समाधिस्थस्य केशव।
स्थितधीः किं प्रभाषेत किमासीत व्रजेत किम्॥ 54॥

दोहा—

स्थित बुद्धि समाधि में, ईश पाय जो कोय।
केशव! लक्षणों को कहें, बोलचाल कस होय॥

~•~

• श्री कृष्ण उवाच—

प्रजहाति यदा कामान् सर्वान् पार्थ मनोगतान्।
आत्मन्येवात्मना तुष्टः स्थितप्रज्ञस्तदोच्यते॥ 55॥

दोहा—

पूर्ण मुक्त मन कामना, स्थित आत्मा भाय।
तुष्ट स्वयं में आत्मा, स्थितिप्रज्ञ कहलाय॥

~•~

दु:खेष्वनुद्विग्नमना: सुखेषु विगतस्पृह:।
वीतरागभयक्रोध: स्थितधीर्मुनिरुच्यते॥ 56॥

दोहा—

सुख-दुख नष्ट हुए सभी, संग राग भय क्रोध।
स्थिर बुद्धि मुनि है वही, पार्थ रहे यह बोध॥

~•~

य: सर्वत्रानभिस्नेहस्तत्तत्प्राप्य शुभाशुभम्।
नाभिनन्दति न द्वेष्टि तस्य प्रज्ञा प्रतिष्ठिता॥ 57॥

दोहा—

स्नेह रहित सर्वत्र हुआ, भले शुभ अशुभ पाय।
द्वेष हीन प्रसन्न नहीं, स्थिर बुद्धि कहलाय॥

~•~

यदा संहरते चायं कूर्मोऽङ्गानीव सर्वश:।
इन्द्रियाणीन्द्रियार्थेभ्यस्तस्य प्रज्ञा प्रतिष्ठिता॥ 58॥

दोहा—

कछुआ अंग समेट ज्यों, एक न अंग दिखाय।
विषयों से इंद्रियाँ हटें, स्थिर बुद्धि त्यों पाय॥

~•~

विषया विनिवर्तन्ते निराहारस्य देहिन:।
रसवर्जं रसोऽप्यस्य परं दृष्ट्वा निवर्तते॥ 59॥

दोहा—

विषय ग्रहण नहिं जो पुरुष, विषय निवृत्त हो जाय।
निवृत्त होय न आसक्ति, अंश निकल नहिं पाय॥ अ॥
पुरुष स्थित प्रज्ञ जो रहे, ईश दरस जब पाय।
तभी आसक्ति पूर्णत:, वह निवृत्त हो जाय॥ ब॥

~•~

यततो ह्यपि कौन्तेय पुरुषस्य विपश्चितः।
इन्द्रियाणि प्रमाथीनि हरन्ति प्रसभं मनः॥ 60॥

दोहा—

नाश नहीं आसक्ति तब, प्रमथन इंद्रिय घात।
बुद्धिमान हो यत्न रत, मन को हरे बलात॥

~•~

तानि सर्वाणि संयम्य युक्त आसीत मत्परः।
वशे हि यस्येन्द्रियाणि तस्य प्रज्ञा प्रतिष्ठिता॥ 61॥

दोहा—

पूर्णवश करे इंद्रियाँ, मुझे परायण कोय।
ध्यान मगन मम बैठता, स्थिर बुद्धि वह होय॥

~•~

ध्यायतो विषयान्पुंसः सङ्गस्तेषूपजायते।
सङ्गात् संजायते कामः कामात्क्रोधोऽभिजायते॥ 62॥

दोहा—

चिंतन विषयों का करे, विषय आसक्ति आय।
करे आसक्ति कामना, विघ्न क्रोध उपजाय॥

~•~

क्रोधाद्भवति संमोहः संमोहात्स्मृतिविभ्रमः।
स्मृतिभ्रंशाद् बुद्धिनाशो बुद्धिनाशात्प्रणश्यति॥ 63॥

दोहा—

मूढ़ भाव अति क्रोध से, मूढ़ स्मृति भ्रम लाय।
ज्ञान, बुद्धि, बलनाशहों, पुरुषस्थितिगिर जाय॥

~•~

रागद्वेषवियुक्तैस्तु विषयानिन्द्रियैश्चरन्।
आत्मवश्यैर्विधेयात्मा प्रसादमधिगच्छति॥ 64॥

दोहा—

राग द्वेष बिन इंद्रियाँ, अंतःकरण अधीन।
साधक विषयों में विचर, हृदय प्रसन्नम चीन॥

~•~

प्रसादे सर्वदुःखानां हानिरस्योपजायते।
प्रसन्नचेतसो ह्याशु बुद्धिः पर्यवतिष्ठते॥ 65॥

दोहा—

अंतःकरण प्रसन्न तब, सारे दुखों-अभाव।
कर्मयोगी प्रसन्न मन, बुद्धि रखे यह चाव॥ अ॥
बुद्धि हटे हर ओर से, स्थिर ईश मय होय।
पार्थ! कर्मयोगी यही, उक्त गुणों युत कोय॥ ब॥

~•~

नास्ति बुद्धिरयुक्तस्य न चायुक्तस्य भावना।
न चाभावयतः शान्तिरशान्तस्य कुतः सुखम्॥ 66॥

दोहा—

अविजितमन,अंतःकरण,निश्चयबुद्धिनहोय।
भावहीन अयुक्त पुरु, सुख शांति सब खोय॥

~•~

इन्द्रियाणां हि चरतां यन्मनोऽनुविधीयते।
तदस्य हरति प्रज्ञां वायुर्नावमिवाम्भसि॥ 67॥

दोहा—

वायु हरे ज्यों नाव त्यों, मन जिस इंद्रिय साथ।
वही इंद्रिय, अयुक्त पुरु, हरती बुद्धि अनाथ॥

~•~

तस्माद्यस्य महाबाहो निगृहीतानि सर्वशः।
इन्द्रियाणीन्द्रियार्थेभ्यस्तस्य प्रज्ञा प्रतिष्ठिता॥ 68॥

दोहा—

सब प्रकार इंद्रिय विषय, इंद्रिय निग्रही होय।
बुद्धि उसी की स्थिर है, पार्थ! समझ जो कोय॥

~•~

या निशा सर्वभूतानां तस्यां जागर्ति संयमी।
यस्यां जाग्रति भूतानि सा निशा पश्यतो मुनेः॥ 69॥

दोहा—

पूर्ण प्राणियों के लिए, जो है रात्रि समान।
योगी जागे स्थितप्रज्ञ, परम ईशरत ध्यान॥ अ॥
प्राणी जागे कामना, नश्वर सुख को पाय।
परमतत्त्व मुनि जागता, रात्रि साधना भाय॥ ब॥

~•~

आपूर्यमाणमचलप्रतिष्ठं
समुद्रमापः प्रविशन्ति यद्वत्।
तद्वत्कामा यं प्रविशन्ति सर्वे
स शान्तिमाप्नोति न कामकामी॥ 70॥

दोहा—

सरिताएँ, सब ओर से, नीर बहाकर लायँ।
जो मर्यादित प्रतिष्ठित, सागर मध्य समायँ॥ अ॥
भोग विकार सभी बिना, स्थितप्रज्ञ में लीन।
पुरुष शांति पाए वहीं, दुखी भोग प्रिय चीन॥ ब॥

~•~

विहाय कामान्यः सर्वान्पुमांश्चरति निःस्पृहः।
निर्ममो निरहंकारः स शांतिमधिगच्छति॥ 71॥

दोहा—

पूर्ण कामना त्याग जो, ममता बिन हो जाय।
मद न विचर स्पृहा रहित, वह जन शांति पाय॥

~•~

एषा ब्राह्मी स्थितिः पार्थ नैनां प्राप्य विमुह्यति।
स्थित्वाऽस्यामन्तकालेऽपि ब्रह्मनिर्वाणमृच्छति॥ 72॥

दोहा—

ब्रह्म पाय की स्थिति यह, पुरु न मोह में खोय।
ब्राह्मी स्थिति अंत तक, ब्रह्मानंदी होय॥

ॐ

॥ इति द्वितीय अध्याय॥

□

॥ श्री शारदायै नमः ॥

अथ तृतीय अध्याय

कर्मयोग

(श्लोक 43)

इस अध्याय में नाना प्रकार के हेतुओं से निहित कर्मों की आवश्यक कर्तव्यता सिद्ध की गई है तथा प्रत्येक मनुष्य को अपने वर्णाश्रम के लिए निहित कर्म किस प्रकार करने चाहिए, उनके न करने से क्या हानि है, करने से क्या लाभ है, कौन से कर्म बंधन कारक हैं एवं कौन से मुक्ति में सहायक हैं, यही सब बातें भलीभाँति समझाई गई हैं।

इस प्रकार इस अध्याय में कर्मयोग का विषय अन्य अध्यायों की अपेक्षा अधिक विस्तारपूर्वक वर्णित है एवं दूसरे विषयों का समावेश न्यूनतम है। इसलिए इस अध्याय का नाम 'कर्मयोग' रखा गया है।

दूसरे अध्याय के प्रसंग को सुनकर अर्जुन इसका स्पष्ट अर्थ एवं अभिप्राय निश्चित नहीं कर पाए। बुद्धि शब्द का अर्थ ज्ञान मान लेने से उन्हें भ्रम हो गया।

भगवान् के वचनों में कर्म की अपेक्षा ज्ञान की प्रशंसा प्रतीत होने लगी, तभी से वचन स्पष्ट दिखाई न देकर मिले हुए समझ में आने लगे।

अतः भगवान् से उनका स्पष्टीकरण करवाने के लिए निश्चित उत्तम साधन जानने की इच्छा से अर्जुन भगवान् से पूछते हैं—

• अर्जुन उवाच—

ज्यायसी चेत्कर्मणस्ते मता बुद्धिर्जनार्दन।
तत्किं कर्मणि घोरे मां नियोजयसि केशव॥ 1॥

दोहा—

ज्ञान उच्च यदि कर्म से, श्रेष्ठ आप बतायँ।
मझे भयंकर कर्म में, केशव! क्यों लगवायँ॥

~•~

तथा आप—

व्यामिश्रेणेव वाक्येन बुद्धिं मोहयसीव मे।
तदेकं वद निश्चित्य येन श्रेयोऽहमाप्नुयाम्॥ 2॥

दोहा—

सुनकर वचन मिले हुए, मोह बुद्धि मम प्राण।
एक बात निश्चित कहें, जिससे मम कल्याण॥

~•~

• श्री कृष्ण उवाच—

लोकेऽस्मिन्द्विविधा निष्ठा पुरा प्रोक्ता मयानघ।
ज्ञानयोगेन सांख्यानां कर्मयोगेन योगिनाम्॥ 3॥

दोहा—

दो निष्ठाएँ जगत् में, मैं ही पूर्व बताय।
सांख्य योग जो निष्ठा, ज्ञानयोग में भाय॥ अ॥
कर्मयोग निष्ठा सदा, योगी जनन सुहाय।
हे निष्पाप! समझ यही, अंतर देखा जाय॥ ब॥

~•~

न कर्मणामनारम्भान्नैष्कर्म्यं पुरुषोऽश्नुते।
न च संन्यसनादेव सिद्धिं समधिगच्छति॥ 4॥

दोहा—

कर्मारंभ किए बिना, योगनिष्ठ नहिं पाय।
मात्र कर्म को त्याग दे, सांख्य सिद्धि न आय॥

न हि कश्चित्क्षणमपि जातु तिष्ठत्यकर्मकृत्।
कार्यते ह्यवशः कर्म सर्वः प्रकृतिजैर्गुणैः॥ 5॥

दोहा—

कर्म बिना रहता नहीं, कोई हो क्षण काल।
प्रकृति जनित गुण कर्म पुरु, परवश कर हर हाल॥

~•~

कर्मेन्द्रियाणि संयम्य य आस्ते मनसा स्मरन्।
इन्द्रियार्थान्विमूढात्मा मिथ्याचारः स उच्यते॥ 6॥

दोहा—

मूढ़ बुद्धि जन जो हठी, इंद्रिय दमन दिखाय।
मन चिंतन, इंद्रिय विषय, वह दंभी कहलाय॥

~•~

यस्त्विन्द्रियाणि मनसा नियम्यारभतेऽर्जुन।
कर्मेन्द्रियैः कर्मयोगमसक्तः स विशिष्यते॥ 7॥

दोहा—

मन से वश कर इंद्रियाँ, अनासक्त हो जाय।
कर्मयोग का आचरण, कर वो उच्च कहाय॥

~•~

नियतं कुरु कर्म त्वं कर्म ज्यायो ह्यकर्मणः।
शरीरयात्रापि च ते न प्रसिद्ध्येदकर्मणः॥ 8॥

दोहा—

शास्त्रोचित कर्तव्य कर, निष्क्रिय भरता आह।
यदि कर्म तू नहीं करे, कठिन देह निर्वाह॥

~•~

यज्ञार्थात्कर्मणोऽन्यत्र लोकोऽयं कर्मबन्धनः।
तदर्थं कर्म कौन्तेय मुक्तसंगः समाचर॥ 9॥

दोहा—

यज्ञ कर्म कर्तव्य करे, अन्य कर्म बँधवाय।
कौंतेय! आसक्ति तज, तू शुभ कर्म कराय॥

~•~

सहयज्ञाः प्रजाः सृष्ट्वा पुरोवाच प्रजापतिः।
अनेन प्रसविष्यध्वमेष वोऽस्त्विष्टकामधुक्॥ 10॥

दोहा—

आदि कल्प ब्रह्मा रचे, यज्ञ सहित प्रजा लोग।
बुद्धि यज्ञ से हो कहा, पाओ इच्छित भोग॥

~•~

देवान्भावयतानेन ते देवा भावयन्तु वः।
परस्परं भावयन्तः श्रेयः परमवाप्स्यथ॥ 11॥

दोहा—

देव तुम्हें तुम देव को, यज्ञ से उन्नत ध्यान।
भाव उन्नायक परस्पर, तब कल्याणी जान॥

~•~

इष्टान्भोगान्हि वो देवा दास्यन्ते यज्ञभाविताः।
तैर्दत्तानप्रदायैभ्यो यो भुङ्क्ते स्तेन एव सः॥ 12॥

दोहा—

बढ़ें यज्ञ से देवगण, इच्छित भोग दिलायँ।
भाग दिए उनका बिना, भोगें चोर कहायँ॥

~•~

यज्ञशिष्टाशिनः सन्तो मुच्यन्ते सर्वकिल्बिषैः।
भुञ्जते ते त्वघं पापा ये पचन्त्यात्मकारणात्॥ 13॥

दोहा—

यज्ञ अन्न जो शेष खा, मुक्ति संत जन पायँ।
पापी खाएँ पेट को, समझ पाप ही खायँ॥

~•~

अन्नाद्भवन्ति भूतानि पर्जन्यादन्नसम्भवः।
यज्ञाद्भवति पर्जन्यो यज्ञः कर्मसमुद्भवः॥ 14॥

दोहा—

प्राणी जनमे अन्न से, वृष्टि अन्न उपजाय।
वृष्टि होय है यज्ञ से, यज्ञ कर्म करवाय॥

~•~

कर्म ब्रह्मोद्भवं विद्धि ब्रह्माक्षरसमुद्भवम्।
तस्मात्सर्वगतं ब्रह्म नित्यं यज्ञे प्रतिष्ठितम्॥ 15॥

दोहा—

कर्म उपजते वेद से, वेद ईश प्रगटाय।
ब्रह्म प्रतिष्ठित यज्ञ में, रहता सदा सहाय॥

~•~

एवं प्रवर्तितं चक्रं नानुवर्तयतीह यः।
अघायुरिन्द्रियारामो मोघं पार्थ स जीवति॥ 16॥

दोहा—

पार्थ लोक में जो चले, परंपरा प्रतिकूल।
विषय भोग रत इंद्रियाँ, व्यर्थ जिए कर भूल॥

~•~

यस्त्वात्मरतिरेव स्यादात्मतृप्तश्च मानवः।
आत्मन्येव च सन्तुष्टस्तस्य कार्यं न विद्यते॥ 17॥

दोहा—

रमण आत्मा में करें, तृप्त आत्मा कोय।
तब उसको कर्तव्य भी, आवश्यक नहि होय॥

~•~

नैव तस्य कृतेनार्थो नाकृतेनेह कश्चन।
न चास्य सर्वभूतेषु कश्चिदर्थव्यपाश्रयः॥ 18॥

दोहा—

उस जन को नहिं प्रयोजन, कर्म अकर्म न चाह।
लेन देन जग से नहीं, स्वारथ हीन अथाह॥

~•~

तस्मादसक्तः सततं कार्यं कर्म समाचर।
असक्तो ह्याचरन्कर्म परमाप्नोति पूरुषः॥ 19॥

दोहा—

अनासक्त रह तू सदा, कर्म उचित करवाय।
आसक्ति तज कर्म करे, अस जन प्रभु को पाय॥

~•~

कर्मणैव हि संसिद्धिमास्थिता जनकादयः।
लोकसंग्रहमेवापि संपश्यन्कर्तुमर्हसि॥ 20॥

दोहा—

जनक आदि आसक्ति तज, सिद्धि कर्म से पाय।
लोक संग्रही दृष्टि तू, वहीं कर्म करवाय॥

~•~

यद्यदाचरति श्रेष्ठस्तत्तदेवेतरो जनः।
स यत्प्रमाणं कुरुते लोकस्तदनुवर्तते॥ 21॥

दोहा—

श्रेष्ठ पुरु जो आचरण, करते मान प्रमाण।
अन्य लोग वह अनुकरण, करें समझ कल्याण॥

~•~

न मे पार्थास्ति कर्तव्यं त्रिषु लोकेषु किञ्चन।
नानवाप्तमवाप्तव्यं वर्त एव च कर्मणि॥ 22॥

दोहा—

तीनों लोकों में मुझे, कुछ कर्तव्य न चाव।
पार्थ! न कुछ दुर्लभ मुझे, बरतूँ कर्म सुभाव॥

~•~

यदि ह्यहं न वर्तेयं जातु कर्मण्यतन्द्रितः।
मम वर्त्मानुवर्तन्ते मनुष्याः पार्थ सर्वशः॥ 23॥

दोहा—

कर्म करूँ न सचेत हो, पार्थ हानि अति जान।
लोग मार्ग मम अनुकरण, करें पूर्णतः मान॥

~•~

यदि उत्सीदेयुरिमे लोका न कुर्यां कर्म चेदहम्।
सङ्करस्य च कर्ता स्यामुपहन्यामिमाः प्रजाः॥ 24॥

दोहा—

यदि कर्म मैं नहीं करूँ, लोक भ्रष्ट हो जाय।
संकरता हंता प्रजा, कारण बनूँ न भाय॥

~•~

हे भारत!

सक्ताः कर्मण्यविद्वांसो यथा कुर्वन्ति भारत।
कुर्याद्विद्वांस्तथासक्तश्चिकीर्षुर्लोकसंग्रहम्॥ 25॥

दोहा—

वशीभूत आसक्ति के, करें अज्ञानी काम।
अनासक्त ज्ञानी करें, लोक संग्रही नाम॥

~•~

न बुद्धिभेदं जनयेदज्ञानां कर्मसङ्गिनाम्।
जोषयेत्सर्वकर्माणि विद्वान् युक्तः समाचरन्॥ 26॥

दोहा—

ईश रूप ज्ञानी अटल, शास्त्रोचित हर काम।
मूढ़ वहीं आसक्ति रत, कर्म करे ले थाम॥ अ॥
अनासक्त ज्ञानी करें, मूढ़ आसक्ति भाय।
ज्ञानी भ्रमित नहीं करे, निज सम कर्म कराय॥ ब॥

~•~

प्रकृतेः क्रियमाणानि गुणैः कर्माणि सर्वशः।
अहङ्कारविमूढात्मा कर्ताऽहमिति मन्यते॥ 27॥

दोहा—

सब प्रकार के कर्म गुण, प्रकृति स्वयं करवाय।
हृदय अज्ञानी अहं युत, मैं कर्ता जनवाय॥

~•~

तत्त्ववित्तु महाबाहो गुणकर्मविभागयोः।
गुणा गुणेषु वर्तन्त इति मत्वा न सज्जते॥ 28॥

दोहा—

दो विभाग गुण कर्म के, तत्त्व जान रख चाव।
अर्जुन! योगी जान के अनासक्त बरताव॥

~•~

प्रकृतेर्गुणसम्मूढाः सज्जन्ते गुणकर्मसु।
तानकृत्स्नविदो मन्दान्कृत्स्नविन्न विचालयेत्॥ 29॥

दोहा—

प्रकृति कर्म गुण आसक्ति, मनुज मोह रत पाय।
मंद बुद्धि जन मूढ़ को, ज्ञानी नहि विचलाय॥

~•~

मयि सर्वाणि कर्माणि संन्यस्याध्यात्मचेतसा।
निराशीर्निर्ममो भूत्वा युध्यस्व विगतज्वरः॥ 30॥

दोहा—

चित्त लगा मुझ ईश में, अर्पित कर सब काम।
आशा ममता ताप तज, युद्ध हेतु धनु थाम॥

~•~

ये मे मतमिदं नित्यमनुतिष्ठन्ति मानवाः।
श्रद्धावन्तोऽनसूयन्तो मुच्यन्ते तेऽपि कर्मभिः॥ 31॥

दोहा—

दोष दृष्टि से जो रहित, मेरा मत नित पाल।
श्रद्धायुत हर कर्म से, मुक्त होय तत्काल॥

~•~

ये मे मतमिदं नित्यमनुतिष्ठन्ति मानवाः।
श्रद्धावन्तोऽनसूयन्तो मुच्यन्ते तेऽपि कर्मभिः॥ 32॥

दोहा—

मम मत से उलटा चले, दोष मुझी पर डाल।
मूढ़ मोह मय ज्ञान सब, नष्ट होय तत्काल॥

~•~

सदृशं चेष्टते स्वस्याः प्रकृतेर्ज्ञानवानपि।
प्रकृतिं यान्ति भूतानि निग्रहः किं करिष्यति॥ 33॥

दोहा—

पायँ प्रकृति प्राणी सभी, परवश कर्म सुभाय।
ज्ञानी प्राकृत चेष्टा, हठ करके क्या पाय॥

~•~

इन्द्रियस्येन्द्रियस्यार्थे रागद्वेषौ व्यवस्थितौ।
तयोर्न वशमागच्छेत्तौ ह्यस्य परिपन्थिनौ॥ 34॥

दोहा—

इंद्रिय-इंद्रिय के विषय, राग द्वेष मय जान।
वश से बच द्वय विघ्न हित, प्रबल शत्रु यह मान॥

~•~

श्रेयान्स्वधर्मो विगुणः परधर्मात्स्वनुष्ठितात्।
स्वधर्मे निधनं श्रेयः परधर्मो भयावहः॥ 35॥

दोहा—

उच्च 'पर' धरम निज न हो, 'पर' से पा भय त्रास।
'स्व' कल्याणी निज धरम, भले प्राण हों ह्रास॥

~•~

• **अर्जुन उवाच—**

अथ केन प्रयुक्तोऽयं पापं चरति पूरुषः।
अनिच्छन्नपि वार्ष्णेय बलादिव नियोजितः॥ 36॥

दोहा—

तब बलात् परवश मनुज, कृष्ण बताएँ आप।
नहीं चाहकर भी करे, किससे प्रेरित पाप॥

~•~

• **श्री कृष्ण उवाच—**

काम एष क्रोध एष रजोगुणसमुद्भवः।
महाशनो महापाप्मा विद्ध्येनमिह वैरिणम्॥ 37॥

दोहा—

यह उपजाए रजोगुण, काम क्रोध का बाप।
भोग तृप्त होने न दे, यह बैरी सम पाप॥

~•~

धूमेनाव्रियते वह्निर्यथाऽऽदर्शो मलेन च।
यथोल्बेनावृतो गर्भस्तथा तेनेदमावृतम्॥ 38॥

दोहा—

धुआँ ढके जस अग्नि को, दर्पण मैल ढकाय।
ज़ेर ढके जस गर्भ को, काम ज्ञान ढकवाय॥

~•~

आवृतं ज्ञानमेतेन ज्ञानिनो नित्यवैरिणा।
कामरूपेण कौन्तेय दुष्पूरेणानलेन च॥ 39॥

दोहा—

अर्जुन अग्नि समान ही, काम तृप्त मत मान।
ज्ञानी का रिपु काम है, सदा ढाँकता ज्ञान॥

~•~

इन्द्रियाणि मनो बुद्धिरस्याधिष्ठानमुच्यते।
एतैर्विमोहयत्येष ज्ञानमावृत्य देहिनम्॥ 40॥

दोहा—

मन बुद्धि इंद्रियाँ सभी, इसके वास स्थान।
यही ज्ञान को ढाँक के मोह आत्मा जान॥

~•~

तस्मात्त्वमिन्द्रियाण्यादौ नियम्य भरतर्षभ।
पाप्मानं प्रजहि ह्येनं ज्ञानविज्ञाननाशनम्॥ 41॥

दोहा—

हे अर्जुन! तू इसलिए वश कर इंद्रिय सार।
ज्ञान नष्ट पापी रिपु, काम शक्ति से मार॥

~•~

इन्द्रियाणि पराण्याहुरिन्द्रियेभ्यः परं मनः।
मनसस्तु परा बुद्धिर्यो बुद्धेः परतस्तु सः॥ 42॥

दोहा—

उच्च इंद्रियाँ देह से, फिर मन बुद्धि होय।
सर्व उच्च है आत्मा, इससे उच्च न कोय॥

~•~

एवं बुद्धेः परं बुद्ध्वा संस्तभ्यात्मानमात्मना।
जहि शत्रुं महाबाहो कामरूपं दुरासदम्॥ 43॥

दोहा—

उच्च आत्मा बुद्धि से, मन वश में कर सार।
होयबुद्धिसहयोगसे, कामशत्रुकोमार ॥43 ॥

ॐ

॥ इति तृतीय अध्याय॥

□

॥ श्री शारदायै नमः ॥

अथ चतुर्थ अध्याय

ज्ञान कर्म संन्यास योग

(श्लोक 42)

यहाँ ज्ञान शब्द का परमार्थ ज्ञान अर्थात् तत्त्व ज्ञान का 'कर्म' शब्द कर्मयोग अर्थात् योग मार्ग का और संन्यास शब्द 'सांख्ययोग' अर्थात् ज्ञान मार्ग का वाचक है।

विवेक, ज्ञान और शास्त्र ज्ञान भी 'ज्ञान' शब्द के अंतर्गत है। इस चौथे अध्याय में भगवान् के अपने अवतरित होने का रहस्य और तत्त्व सहित कर्मयोग का परमात्मा के तत्त्व का यथार्थ ज्ञान है। इसलिए इस अध्याय का नाम 'ज्ञान कर्म संन्यास योग' रखा गया है।

इस अध्याय में बुद्धि के द्वारा मन एवं इंद्रियों को वश में करके काम को मारने की आज्ञा दी गई है। परंतु कर्मयोग का तत्त्व बड़ा गहन है। इसलिए अब भगवान् पुनः इसके संबंध में बहुत बातें बतलाने के उद्द्देश्य से उसी का प्रकरण आरंभ करते हुए, प्रथम तीन श्लोकों में उस कर्म की परंपरा बतलाकर उसकी अनादिता सिद्ध करते हुए प्रशंसा करते हैं।

यहीं से चौथा अध्याय आरंभ होता है—

• श्री कृष्ण उवाच—

इमं विवस्वते योगं प्रोक्तवानहमव्ययम्।
विवस्वान् मनवे प्राह मनुरिक्ष्वाकवेऽब्रवीत्॥ 1॥

दोहा—

यह अविनाशी योग मैं, रवि को प्रथम सुनाय।
रवि कहा वैवस्वत मनु, मनु इक्ष्वाकु बताय॥

~•~

एवं परम्पराप्राप्तमिमं राजर्षयो विदुः।
स कालेनेह महता योगो नष्टः परन्तप॥ 2॥

दोहा—

परंपरा से योग ये, ऋषि जान तब पाय।
बहुत काल सें योग यह, लुप्त हुआ सा जाय॥

~•~

स एवायं मया तेऽद्य योगः प्रोक्तः पुरातनः।
भक्तोऽसि मे सखा चेति रहस्यं ह्येतदुत्तमम्॥ 3॥

दोहा—

सखा, भक्त प्रिय तू मुझे, अतः कहा यह योग।
अति उत्तम यह पुरातन, गुप्त विषय के जोग॥

~•~

• अर्जुन उवाच—

अपरं भवतो जन्म परं जन्म विवस्वतः।
कथमेतद्विजानीयां त्वमादौ प्रोक्तवानिति॥ 4॥

दोहा—

जन्म अब हुआ आपका, सूर्य जन्म प्राचीन।
आदि कल्प कैसे कहा, मेरा मन भ्रमलीन॥

~•~

• **श्री कृष्ण उवाच—**

बहूनि मे व्यतीतानि जन्मानि तव चार्जुन।
तान्यहं वेद सर्वाणि न त्वं वेत्थ परन्तप॥ 5॥

दोहा—

तेरे-मेरे परंतप! जन्म हुए बहु मान।
मैं सबको ही जानता, लेकिन तुझे न ध्यान॥

~•~

अजोऽपि सन्नव्ययात्मा भूतानामीश्वरोऽपि सन्।
प्रकृतिं स्वामधिष्ठाय संभवाम्यात्ममायया॥ 6॥

दोहा—

मैं अविनाशी अजन्मा, करता प्रकृति अधीन।
अपनी माया योग से, प्रकटूँ यह ले चीन॥

~•~

यदा यदा हि धर्मस्य ग्लानिर्भवति भारत।
अभ्युत्थानमधर्मस्य तदाऽऽत्मानं सृजाम्यहम्॥ 7॥

दोहा—

हानि होय जब-जब धरम, अति अधर्म बढ़ जाय।
हे भारत! संसार में, तब-तब प्रकटूँ आय॥

~•~

परित्राणाय साधूनां विनाशाय च दुष्कृताम्।
धर्मसंस्थापनार्थाय संभवामि युगे युगे॥ 8॥

दोहा—

पापी करूँ विनाश मैं, करूँ साधु उद्धार।
युगों-युगों में प्रकटता, धर्म स्थापना सार॥

~•~

जन्म कर्म च मे दिव्यमेवं यो वेत्ति तत्त्वतः।
त्यक्त्वा देहं पुनर्जन्म नैति मामेति सोऽर्जुन॥ 9॥

दोहा—

जन्म कर्म मेरे समझ, दिव्य ज्योति आलोक।
तत्त्व जान तन त्याग जो, मोक्ष पात्र बेरोक॥

~•~

वीतरागभयक्रोधा मन्मया मामुपाश्रिताः।
बहवो ज्ञानतपसा पूता मद्भावमागताः॥ 10॥

दोहा—

काम क्रोध भय नष्ट हों, ज्ञान पवित्र तप नाम।
मेरे आश्रित भक्त रह, रूप पा चुके माम॥

~•~

ये यथा मां प्रपद्यन्ते तांस्तथैव भजाम्यहम्।
मम वर्त्मानुवर्तन्ते मनुष्याः पार्थ सर्वशः॥ 11॥

दोहा—

भक्त भजे जिस रूप में, मैं भी उसी प्रकार।
पार्थ! मार्ग मम अनुसरण, आश्रय दूँ कुल सार॥

~•~

काङ्क्षन्तः कर्मणां सिद्धिं यजन्त इह देवताः।
क्षिप्रं हि मानुषे लोके सिद्धिर्भवति कर्मजा॥ 12॥

दोहा—

मनुज उपासित देवता, कर्मसिद्ध फल पायँ।
अस इच्छा जो लोक में, सिद्धि शीघ्र पा जायँ॥

~•~

चातुर्वर्ण्यं मया सृष्टं गुणकर्मविभागशः।
तस्य कर्तारमपि मां विद्ध्यकर्तारमव्ययम्॥ 13॥

दोहा—

ब्राह्मण क्षत्रिय वैश्य, शूद्र वर्ण कुल चार।
मैंने रचे विभागशः, गुण कर्मों अनुसार॥
सृष्टि कर्म रचनादि का, मैं ही कर्ता जान।
मुझ अविनाशी परम को, मूल अकर्ता मान॥

~•~

न मां कर्माणि लिम्पन्ति न मे कर्मफले स्पृहा।
इति मां योऽभिजानाति कर्मभिर्न स बध्यते॥ 14॥

दोहा—

मम स्पृहा नहि कर्म फल, कर्म लिप्त नहिं होय।
मुझे तत्त्व से जान जो, कर्म बंध वह खोय॥

~•~

एवं ज्ञात्वा कृतं कर्म पूर्वैरपि मुमुक्षुभिः।
कुरु कर्मैव तस्मात्त्वं पूर्वैः पूर्वतरं कृतम्॥ 15॥

दोहा—

कर्म मुमुक्षुगण जो किए, पूर्वकाल में जान।
अतः कर्म पूर्वज किए, वह सब तू कर मान॥

~•~

किं कर्म किमकर्मेति कवयोऽप्यत्र मोहिताः।
तत्ते कर्म प्रवक्ष्यामि यज्ज्ञात्वा मोक्ष्यसेऽशुभात्॥ 16॥

दोहा—

कर्म क्या है अकर्म क्या ? ज्ञानी मोहित होय।
कर्म तत्त्व समझा कहूँ, जान मोक्ष मिल तोय॥

~•~

कर्मणो ह्यपि बोद्धव्यं बोद्धव्यं च विकर्मणः।
अकर्मणश्च बोद्धव्यं गहना कर्मणो गतिः॥ 17॥

दोहा—

कर्म अकर्म विकर्म क्या, रूप सभी के जान।
तत्त्व समझ इनके अलग, गहन कर्म गति मान॥

~•~

कर्मण्यकर्म यः पश्येदकर्मणि च कर्म यः।
स बुद्धिमान् मनुष्येषु स युक्तः कृत्स्नकर्मकृत्॥ 18॥

दोहा—

कर्म में देखे अकर्म, अकर्म कर्म दिखाय।
बुद्धिमान योगी वही, सारे कर्म कराय॥

~•~

यस्य सर्वे समारम्भाः कामसङ्कल्पवर्जिताः।
ज्ञानाग्निदग्धकर्माणं तमाहुः पण्डितं बुधाः॥ 19॥

दोहा—

संकल्पों बिन कामना, शास्त्र सम्मत काम।
ज्ञान अग्नि में कर्म जल, ज्ञानी पंडित नाम॥

~•~

त्यक्त्वा कर्मफलासङ्गं नित्यतृप्तो निराश्रयः।
कर्मण्यभिप्रवृत्तोऽपि नैव किञ्चित्करोति सः॥ 20॥

दोहा—

अनासक्त सब कर्मफल, जग आश्रय तज लीन।
तृप्त ईश मय कर्म नित, बरत अकर्ता चीन॥

~•~

निराशीर्यतचित्तात्मा त्यक्तसर्वपरिग्रहः।
शारीरं केवलं कर्म कुर्वन्नाप्नोति किल्बिषम्॥ 21॥

दोहा—

विजित देह अंतःकरण, सब संग्रह परित्याग।
आश रहित तन कर्म कर, पाप मुक्त बढ़ भाग॥

~•~

यदृच्छालाभसन्तुष्टो द्वन्द्वातीतो विमत्सरः।
समः सिद्धावसिद्धौ च कृत्वापि न निबध्यते॥ 22॥

दोहा—

तुष्ट मिले इच्छा बिना, सिद्धि असिद्धि समान।
द्वंद्वातीत करे कर्म, योगी बंध न जान॥

~•~

गतसङ्गस्य मुक्तस्य ज्ञानावस्थितचेतसः।
यज्ञायाचरतः कर्म समग्रं प्रविलीयते॥ 23॥

दोहा—

पूर्ण आसक्ति नष्ट हो, बुद्धि रूप मय चीन।
यज्ञ कर्म निर्वाह से, उसके कर्म विलीन॥

~•~

ब्रह्मार्पणं ब्रह्महविर्ब्रह्माग्नौ ब्रह्मणा हुतम्।
ब्रह्मैव तेन गन्तव्यं ब्रह्मकर्मसमाधिना॥ 24॥

दोहा—

ब्रह्म अर्पण जिस यज्ञ में, अग्नि ब्रह्म ही होय।
द्रव्य हवन भी ब्रह्म है, ब्रह्म कर्म थिर कोय॥ अ॥
आहुति देना जो क्रिया, ब्रह्म रूप वह जान।
ब्रह्म कर्म योगी स्थित, पाय ब्रह्म फल मान॥ ब॥

~•~

दैवमेवापरे यज्ञं योगिनः पर्युपासते।
ब्रह्माग्नावपरे यज्ञं यज्ञेनैवोपजुह्वति॥ 25॥

दोहा—

योगी पूजें देव कुछ, करें यज्ञ अनुष्ठान।
ब्रह्म अग्नि यज्ञ रूप कुछ, आत्मयज्ञ कर मान॥

~•~

श्रोत्रादीनीन्द्रियाण्यन्ये संयमाग्निषु जुह्वति।
शब्दादीन्विषयानन्य इन्द्रियाग्निषु जुह्वति॥ 26॥

दोहा—

संयम रूपी अग्नि में, इंद्रिय हवन करायँ।
इंद्रिय रूप अग्नि हवन, शब्द विषय करवायँ॥

~•~

सर्वाणीन्द्रियकर्माणि प्राणकर्माणि चापरे।
आत्मसंयमयोगाग्नौ जुह्वति ज्ञानदीपिते॥ 27॥

दोहा—

इंद्रिय प्राणों की क्रिया, ज्ञान प्रकाशित पायँ।
आत्मसंयम अग्नि में, हवन सभी करवायँ॥

~•~

द्रव्ययज्ञास्तपोयज्ञा योगयज्ञास्तथापरे।
स्वाध्यायज्ञानयज्ञाश्च यतयः संशितव्रताः॥ 28॥

दोहा—

सत्य अहिंसा तीक्ष्ण व्रत, करते स्वाध्याय।
द्रव्य तपस्या योग भी, करते यज्ञ उपाय॥

~•~

अपाने जुह्वति प्राणं प्राणेऽपानं तथाऽपरे।
प्राणापानगती रुद्ध्वा प्राणायामपरायणाः॥ 29॥

दोहा—

रोकें प्राण अपान में, हवन करें कुछ लोग।
हवन उलट करते कई, नियम अहारी लोग॥

~•~

अपरे नियताहाराः प्राणान्प्राणेषु जुह्वति।
सर्वेऽप्येते यज्ञविदो यज्ञक्षपितकल्मषाः॥ 30॥

दोहा—

प्राणायाम परायणी, रोकें प्राण अपान।
हवन प्राण का प्राण में, पाप नष्ट यज्ञ जान॥

~•~

यज्ञशिष्टामृतभुजो यान्ति ब्रह्म सनातनम्।
नायं लोकोऽस्त्ययज्ञस्य कुतोऽन्यः कुरुसत्तम॥ 31॥

दोहा—

अमृत बचे जो यज्ञ से, योगी चख प्रभु पायँ।
यज्ञ न करें खा लोकदुख, पर में कष्ट उठायँ॥

~•~

एवं बहुविधा यज्ञा वितता ब्रह्मणो मुखे।
कर्मजान्विद्धि तान्सर्वानेवं ज्ञात्वा विमोक्ष्यसे॥ 32॥

दोहा—

तन मन इंद्रिय यज्ञ कई, वेद कहें बिस्तार।
अनुष्ठान विधि जान ले, कर्मबंध छुट सार॥

~•~

श्रेयान्द्रव्यमयाद्यज्ञाज्ज्ञानयज्ञः परन्तप।
सर्वं कर्माखिलं पार्थ ज्ञाने परिसमाप्यते॥ 33॥

दोहा—

उच्च ज्ञान यज्ञ परंतप! द्रव्य यज्ञ निम्न जान।
ज्ञान यज्ञ से स्वतः ही, कर्म नष्ट सब मान॥

~•~

तद्विद्धि प्रणिपातेन परिप्रश्नेन सेवया।
उपदेक्ष्यन्ति ते ज्ञानं ज्ञानिनस्तत्त्वदर्शिनः॥ 34॥

दोहा—

कपट त्याग सेवा सहित, दंड प्रणाम कराय।
तत्त्वविदों से प्रश्न कर, तत्त्वज्ञान को पाय॥

~•~

यज्ज्ञात्वा न पुनर्मोहमेवं यास्यसि पाण्डव।
येन भूतान्यशेषेण द्रक्ष्यस्यात्मन्यथो मयि॥ 35॥

दोहा—

तत्त्व जान न मोह पुनः, सर्व भूत तव लेख।
निर्विकार निज में लखे, तब सब मुझमें देख॥

~•~

अपि चेदसि पापेभ्यः सर्वेभ्यः पापकृत्तमः।
सर्वं ज्ञानप्लवेनैव वृजिनं सन्तरिष्यसि॥ 36॥

दोहा—

यदि तू है पापी महा, नाव ज्ञान की पाय।
पाप जलधि से पूर्णतः, निसंदेह तर जाय॥

~•~

यथैधांसि समिद्धोऽग्निर्भस्मसात्कुरुतेऽर्जुन।
ज्ञानाग्निः सर्वकर्माणि भस्मसात्कुरुते तथा॥ 37॥

दोहा—

अर्जुन! जलती अग्नि में, सब ईंधन जल जाय।
ज्ञान अग्नि में कर्म त्यों, जलकर भस्म कराय॥

~•~

न हि ज्ञानेन सदृशं पवित्रमिह विद्यते।
तत्स्वयं योगसंसिद्धः कालेनात्मनि विन्दति॥ 38॥

दोहा—

जग में पवित्र करे नहीं, साधन ज्ञान समान।
योग सिद्ध योगी स्वतः, पाय तत्त्व का ज्ञान॥

~•~

श्रद्धावाँल्लभते ज्ञानं तत्परः संयतेन्द्रियः।
ज्ञानं लब्ध्वा परां शान्तिमचिरेणाधिगच्छति॥ 39॥

दोहा—

श्रद्धावान जितेंद्रिय, साधन युत पा ज्ञान।
ज्ञान पाय तत्काल ही, भगवत् शांति आन॥

~•~

अज्ञश्चाश्रद्दधानश्च संशयात्मा विनश्यति।
नायं लोकोऽस्ति न परो न सुखं संशयात्मनः॥ 40॥

दोहा—

बिन विवेक श्रद्धा बिना, पतित संशयी लोग।
भ्रष्ट परमार्थ लोक में, सुख परलोक न भोग॥

~•~

हे धनंजय!

योगसंन्यस्तकर्माणं ज्ञानसंछिन्नसंशयम्।
आत्मवन्तं न कर्माणि निबध्नन्ति धनञ्जय॥ 41॥

दोहा—

कर्मयोग विधि से सभी, कर्म ईश को दाय।
बिन संशय वश में हृदय, कर्म बाँध नहिं पाय॥

~•~

हे भारत!

तस्मादज्ञानसंभूतं हृत्स्थं ज्ञानासिनाऽऽत्मनः।
छित्त्वैनं संशयं योगमातिष्ठोत्तिष्ठ भारत॥ 42॥

दोहा—

यह संशय अज्ञान जनित, ज्ञान रूप तलवार।
कर्मयोग थिर छेद तू, उठ जा रण को सार॥

ॐ

॥ इति चतुर्थ अध्याय॥

□

॥ श्री शारदायै नमः ॥

अथ पंचम अध्याय

कर्म संन्यास योग

(श्लोक 29)

इस पाँचवें अध्याय में कर्मयोग निष्ठा और 'सांख्ययोग' निष्ठा का वर्णन है। सांख्योग का पर्यायवाची शब्द संन्यास है। इसलिए इस अध्याय का नाम 'कर्म संन्यास योग' रखा गया है।

तीसरे और चौथे अध्याय में अर्जुन ने भगवान् के श्रीमुख से अनेक प्रकार से कर्मयोग की प्रशंसा सुनी और उसके संपादन की प्रेरणा तथा आज्ञा प्राप्त की। साथ में यह भी सुनी कि कर्मयोग द्वारा भगवत-स्वरूप का तत्त्व ज्ञान स्वत: ही हो जाता है। (4/38) चौथे अध्याय के अंत में भी उन्हें भगवान् के द्वारा कर्मयोग के संपादन की आज्ञा मिली।

परंतु बीच-बीच में उन्होंने भगवान् के श्रीमुख से ही 'ब्रह्मार्पणं ब्रह्महविः' 'ब्रह्माग्नापरे यज्ञं यज्ञेनेवापजुहति' 'त+द्धि प्राणिपतेन' आदि वचनों द्वारा योग अर्थात् कर्मयोग की भी प्रशंसा सुनी। इससे अर्जुन यह निर्णय नहीं कर सके कि इन दोनों में से मेरे लिए कौन सा सही है। निर्णय कराने के उद्देश्य से उनसे प्रश्न करते हैं।

• अर्जुन उवाच—

संन्यासं कर्मणां कृष्ण पुनर्योगं च शंससि।
यच्छ्रेय एतयोरेकं तन्मे ब्रूहि सुनिश्चितम्॥ 1॥

दोहा—

कृष्ण! कर्म संन्यास की, करें प्रशंसा आप।
कर्म योग उत्तम कहें, दोनों सुन संताप॥ अ॥
एक कहें मेरे लिये, निश्चित मान प्रमाण।
जिससे कर मेरा सके, वह साधन कल्याण॥ ब॥

~•~

• श्री कृष्ण उवाच—

संन्यासः कर्मयोगश्च निःश्रेयसकरावुभौ।
तयोस्तु कर्मसंन्यासात्कर्मयोगो विशिष्यते॥ 2॥

दोहा—

कर्मयोग संन्यास दो, पर कल्याण समान।
कर्मयोग साधन सुगम, उच्च तभी यह जान॥

~•~

ज्ञेयः स नित्यसंन्यासी यो न द्वेष्टि न काङ्क्षति।
निर्द्वन्द्वो हि महाबाहो सुखं बन्धात्प्रमुच्यते॥ 3॥

दोहा—

राग द्वेष इच्छा बिना, कर्मयोगि कहलाय।
वह संन्यासी सुख सहित, बंध मुक्ति जग पाय॥

~•~

सांख्ययोगौ पृथग्बालाः प्रवदन्ति न पण्डिताः।
एकमप्यास्थितः सम्यगुभयोर्विन्दते फलम्॥ 4॥

दोहा—

कर्मयोग संन्यास को, मूरख प्रथक बतायँ।
भगवत् प्राप्ति एक सी, पंडित जान सुनायँ॥

यत्सांख्यैः प्राप्यते स्थानं तद्योगैरपि गम्यते।
एकं सांख्यं च योगं च यः पश्यति स पश्यति॥ 5॥

दोहा—

ज्ञान कर्मयोगी भले, पायँ परम सम धाम।
दोनों का फल एक सा, यथार्थ दृष्टा नाम॥

~•~

संन्यासस्तु महाबाहो दुःखमाप्तुमयोगतः।
योगयुक्तो मुनिर्ब्रह्म नचिरेणाधिगच्छति॥ 6॥

दोहा—

कर्मयोग के बिना सुन, कर्तापन नहिं जाय।
ध्यान कर्मयोगी मगन, शीघ्र ब्रह्म को पाय॥

~•~

योगयुक्तो विशुद्धात्मा विजितात्मा जितेन्द्रियः।
सर्वभूतात्मभूतात्मा कुर्वन्नपि न लिप्यते॥ 7॥

दोहा—

हृदय विशुद्ध जितेंद्रिय, जो मन वश कर जाय।
तके ईश हर जीव में, कर्ता लिप्त न पाय॥

~•~

नैव किंचित्करोमीति युक्तो मन्येत तत्त्ववित्।
पश्यन् श‍ृणवन्स्पृशञ्जिघ्रन्नश्नन्गच्छन्स्वपन् श्वसन्॥ 8॥

दोहा—

सांख्य योगी तत्त्व विद्, देख सुने या खाय।
चले-फिरे सोये जगे, सूँघे स्पर्श पाय॥

~•~

प्रलपन्विसृजन्गृह्णन्नुन्मिषन्निमिषन्नपि।
इन्द्रियाणीन्द्रियार्थेषु वर्तन्त इति धारयन्॥ 9॥

दोहा—

आँख मूँद खोले भले, स्वॉश ग्रहण या त्याग।
दिखे बरतते इंद्रियाँ, रहे अकर्ता जाग॥

~•~

ब्रह्मण्याधाय कर्माणि सङ्गंत्यक्त्वा करोति यः।
लिप्यते न स पापेन पद्मपत्रमिवाम्भसा॥ 10॥

दोहा—

अनासक्त हों कर्म सब, अर्पण ईश कराय।
कमल पत्र सम कर्म कर, पाप लिप्त नहिं पाय॥

~•~

कायेन मनसा बुद्ध्या केवलैरिन्द्रियैरपि।
योगिनः कर्म कुर्वन्ति सङ्गं त्यक्त्वाऽऽत्मशुद्धये॥ 11॥

दोहा—

अनासक्त तन, बुद्धि, मन, कर्मयोगि हो जाय।
हृदय शुद्धि को कर्मकर, त्याग आसक्ति भाय॥

~•~

युक्तः कर्मफलं त्यक्त्वा शान्तिमाप्नोति नैष्ठिकीम्।
अयुक्तः कामकारेण फले सक्तो निबध्यते॥ 12॥

दोहा—

योगी त्यागे कर्म फल, भगवत् शांति पाय।
फल आसक्त सकाम को, यह इच्छा बँधवाय॥

~•~

सर्वकर्माणि मनसा संन्यस्यास्ते सुखं वशी।
नवद्वारे पुरे देही नैव कुर्वन्न कारयन्॥ 13॥

दोहा—

वश में कर अंतःकरण, करे न कुछ करवाय।
सांख्ययोग का आचरण, केवल उसको भाय॥ अ॥
नवद्वारों का तन भवन, सर्व कर्म मन त्याग।
स्थित ईश स्वरूप में, सुख मय रह बढ़ भाग॥ ब॥

~•~

न कर्तृत्वं न कर्माणि लोकस्य सृजति प्रभुः।
न कर्मफलसंयोगं स्वभावस्तु प्रवर्तते॥ 14॥

दोहा—

कर्म कर्म संयोग फल, प्रभु रचे नहिं चाव।
कर्तापन न मनुष्य को, बस बरते स्वभाव॥

~•~

नादत्ते कस्यचित्पापं न चैव सुकृतं विभुः।
अज्ञानेनावृतं ज्ञानं तेन मुह्यन्ति जन्तवः॥ 15॥

दोहा—

ईश ग्रहण करता नहीं, कर्मपाप शुभ कोय।
अज्ञान ढाँके ज्ञान को, मूढ़ मोहवश होय॥

~•~

ज्ञानेन तु तदज्ञानं येषां नाशितमात्मनः।
तेषामादित्यवज्ज्ञानं प्रकाशयति तत्परम्॥ 16॥

दोहा—

ईश तत्त्व के ज्ञान से, जिसका नष्ट अज्ञान।
ज्ञान प्रकाशित सूर्य सा, ईश दरस हो मान॥

~•~

तद्बुद्धयस्तदात्मानस्तन्निष्ठास्तत्परायणाः।
गच्छन्त्यपुनरावृत्तिं ज्ञाननिर्धूतकल्मषाः॥ 17॥

दोहा—

शुद्ध बुद्धि मन जो रखे, ईश स्थिर रम जाय।
पाप रहित हो ज्ञान से, अंत परम गति पाय॥

~•~

विद्याविनयसंपन्ने ब्राह्मणे गवि हस्तिनि।
शुनि चैव श्वपाके च पण्डिताः समदर्शिनः॥ 18॥

दोहा—

ज्ञानी विद्या विनय युत, समदर्शी हो जायँ।
विप्र चांडाल गाय गज, श्वान समदरस पायँ॥

~•~

इहैव तैर्जितः सर्गो येषां साम्ये स्थितं मनः।
निर्दोषं हि समं ब्रह्म तस्माद्ब्रह्मणि ते स्थिताः॥ 19॥

दोहा—

जीते जी जग जीत जो, मन में भाव समान।
परमपिता निर्दोष ही, स्थित ईश मय जान॥

~•~

न प्रहृष्येत्प्रियं प्राप्य नोद्विजेत्प्राप्य चाप्रियम्।
स्थिरबुद्धिरसम्मूढो ब्रह्मविद्ब्रह्मणि स्थितः॥ 20॥

दोहा—

प्रिय पा हर्ष न अप्रिय दुख, ज्ञानी संशय हीन।
स्थिर बुद्धि जो ब्रह्मविद्, नित्य ब्रह्म में लीन॥

~•~

बाह्यस्पर्शेष्वसक्तात्मा विन्दत्यात्मनि यत्सुखम्।
स ब्रह्मयोगयुक्तात्मा सुखमक्षयमश्नुते॥ 21॥

दोहा—

अनासक्त विषय ब्राह्य, स्थित आत्मा ध्यान।
पाय आनंद सात्त्विक, अक्षयी अनुभव आन॥

~•~

ये हि संस्पर्शजा भोगा दुःखयोनय एव ते।
आद्यन्तवन्तः कौन्तेय न तेषु रमते बुधः॥ 22॥

दोहा—

इंद्रिय विषय संयोग से, उपजें नश्वर भोग।
निसंदेह दुख हेतु ये, रमें न ज्ञानी लोग॥

~•~

शक्नोतीहैव यः सोढुं प्राक्शरीरविमोक्षणात्।
कामक्रोधोद्भवं वेगं स युक्तः स सुखी नरः॥ 23॥

दोहा—

देह नष्ट पहले सहे, काम क्रोध का वेग।
साधक होय समर्थ जो, वह पुरु सुख पा नेग॥

~•~

योऽन्तःसुखोऽन्तरारामस्तथान्तर्ज्योतिरेव यः।
स योगी ब्रह्मनिर्वाणं ब्रह्मभूतोऽधिगच्छति॥ 24॥

दोहा—

रमन आत्मा में सुखी, पाय आत्मिक ज्ञान।
शांत योगी ब्रह्म पा, एकीभावी मान॥

~•~

लभन्ते ब्रह्मनिर्वाणमृषयः क्षीणकल्मषाः।
छिन्नद्वैधा यतात्मानः सर्वभूतहिते रताः॥ 25॥

दोहा—

पाय नष्ट संशय निवृत, हित रत प्राणी मात्र।
ब्रह्म वेत्ता विजित मन, शांत ब्रह्म पा पात्र॥

~•~

कामक्रोधवियुक्तानां यतीनां यतचेतसाम्।
अभितो ब्रह्मनिर्वाणं वर्तते विदितात्मनाम्॥ 26॥

दोहा—

काम क्रोध बिन चित्त जित, ब्रह्म साक्षात्कार।
अस ज्ञानी सब ओर से, पूर्ण ब्रह्म पा सार॥

~•~

स्पर्शान्कृत्वा बहिर्बाह्यांश्चक्षुश्चैवान्तरे भ्रुवोः।
प्राणापानौ समौ कृत्वा नासाभ्यन्तरचारिणौ॥ 27॥

दोहा—

विषय अचिंतन बाहरी, दृष्टि भृकुटि के बीच।
वायु प्राण अपान तभी, सम कर आँखें मीच॥

~•~

यतेन्द्रियमनोबुद्धिर्मुनिर्मोक्षपरायणः।
विगतेच्छाभयक्रोधो यः सदा मुक्त एव सः॥ 28॥

दोहा—

जीत बुद्धि मन इंद्रियाँ, मोक्ष परायण जान।
भय बिन इच्छा क्रोध मुनि, सदा मुक्त वह मान॥

~•~

भोक्तारं यज्ञतपसां सर्वलोकमहेश्वरम्।
सुहृदं सर्वभूतानां ज्ञात्वा मां शान्तिमृच्छति॥ 29॥

दोहा—

सर्व यज्ञ तप भोगता, मैं ईशों का ईश।
सर्वभूत प्रति सहृद मैं, भगत मान जगदीश॥ अ॥
सर्व प्राणियों प्रेम रत, तत्त्व जान जो जाय।
यही भगत तब मान ले, उत्तम शांति पाय॥ ब॥

ॐ

॥ इति पंचम अध्याय॥

□

॥ श्री शारदायै नमः ॥

अथ षष्ठम अध्याय

आत्म संन्यास योग

(श्लोक 47)

'कर्मयोग' और 'सांख्ययोग'—इन दोनों ही साधनों को उपयोगी होने के कारण इस छठे अध्याय में 'ध्यानयोग' का भलीभाँति वर्णन किया है। ध्यानयोग में शरीर, इंद्रिय, मन और बुद्धि—इन सबको आत्मा के नाम से कहा जाता है। इस आत्मा में इन्हीं के संयम का विशेष वर्णन है। इसलिए इस अध्याय का नाम 'आत्म संयम योग' रखा गया है।

पाँचवें अध्याय के आरंभ में अर्जुन ने—

कर्म संन्यास (सांख्ययोग) और 'कर्मयोग' इन दोनों में से कौन सा एक मेरे लिए सुनिश्चित कल्याणप्रद है? यह बतलाने के लिए भगवान् से प्रार्थना की थी। इस पर भगवान् ने दोनों साधनों को कल्याणप्रद बतलाया और फल में दोनों की समानता होने पर भी साधन में सुगमता होने के कारण कर्म संन्यास की अपेक्षा कर्मयोग की श्रेष्ठता का प्रतिपादन किया। तदंतर दोनों साधनों के स्वरूप, उनकी विधि और उनके फल का भलीभाँति निरूपण करके दोनों के लिए ही अत्यंत उपयोगी एवं परमात्मा की प्राप्ति का साधन उपाय समझकर संक्षेप में ध्यानयोग का वर्णन किया।

इसलिए अब ध्यानयोग का इसके अंगों सहित विस्तृत वर्णन करने के लिए छठे अध्याय का आरंभ करते हैं।

• **श्री कृष्ण उवाच—**

अनाश्रितः कर्मफलं कार्यं कर्म करोति यः।
स संन्यासी च योगी च न निरग्निर्न चाक्रियः॥ 1॥

दोहा—

आश्रय त्यागे कर्म फल, योग्य कर्म कराय।
वह संन्यासी है तथा, योगी भी कहलाय॥ अ॥
अग्नि त्याग बस जो करें, संन्यासी मत जान।
त्याग क्रियाओं का करें, उसे न योगी मान॥ ब॥

~•~

यं संन्यासमिति प्राहुर्योगं तं विद्धि पाण्डव।
न ह्यसंन्यस्तसङ्कल्पो योगी भवति कश्चन॥ 2॥

दोहा—

अर्जुन जो संन्यास है, योग उसी को जान।
संकल्पों का त्याग नहिं, उसे न योगी मान॥

~•~

आरुरुक्षोर्मुनेर्योगं कर्म कारणमुच्यते।
योगारूढस्य तस्यैव शमः कारणमुच्यते॥ 3॥

दोहा—

इच्छित योगारूढ़ में, भाव कर्म निष्काम।
योगरूढ़ संकल्प बिन, हेतु शुभम् हो नाम॥

~•~

यदा हि नेन्द्रियार्थेषु न कर्मस्वनुषज्जते।
सर्वसङ्कल्पसंन्यासी योगारूढस्तदोच्यते॥ 4॥

दोहा—

कर्म आसक्ति भोग को तज, संकल्प विहीन।
योगी हो जिस काल में, योगरूढ़ है चीन॥

~•~

उद्धरेदात्मनाऽऽत्मानं नात्मानमवसादयेत्।
आत्मैव ह्यात्मनो बन्धुरात्मैव रिपुरात्मनः॥ 5॥

दोहा—

निज द्वारा अपना करे, भव सागर उद्धार।
मित्र शत्रु अपना स्वयं, बचे अधोगति सार॥

~•~

बन्धुरात्माऽऽत्मनस्तस्य येनात्मैवात्मनाजितः।
अनात्मनस्तु शत्रुत्वे वर्तेतात्मैव शत्रुवत्॥ 6॥

दोहा—

जीव जीत तन मन हृदय, मित्र स्वयं का मान।
तन मन इंद्रिय वश नहीं, शत्रु स्वयं का जान॥

~•~

जितात्मनः प्रशान्तस्य परमात्मा समाहितः।
शीतोष्णसुखदुःखेषु तथा मानापमानयोः॥ 7॥

दोहा—

सरद-गरम सुख दुख तथा मान और अपमान।
मुक्त वृत्तियाँ आत्मा, ईश सिवा नहिं आन॥

~•~

ज्ञानविज्ञानतृप्तात्मा कूटस्थो विजितेन्द्रियः।
युक्त इत्युच्यते योगी समलोष्टाश्मकाञ्चनः॥ 8॥

दोहा—

तृप्त हुआ अंतःकरण, जान ज्ञान विज्ञान।
विजित भाव मन इंद्रियाँ, बिन विकार हो मान॥अ॥
माटी पत्थर कनक सम, जो जन ऐसा जान।
कहा जाय योगी यही, भगवत पाया मान॥ ब॥

~•~

सुहृन्मित्रार्युदासीनमध्यस्थद्वेष्यबन्धुषु।
साधुष्वपि च पापेषु समबुद्धिर्विशिष्यते॥ 9॥

दोहा—

सुहृद बंधु, धर्मात्मा पापी शत्रु समान।
उदासीन मध्यस्थ सम, अति श्रेष्ठ वह जान॥

~•~

योगी युञ्जीत सततमात्मानं रहसि स्थितः।
एकाकी यतचित्तात्मा निराशीरपरिग्रहः॥ 10॥

दोहा—

वश कर तन मन इंद्रियाँ, आशा संग्रह त्याग।
योगी निर्जन भूमि में, ईश आत्मा लाग॥

~•~

शुचौ देशे प्रतिष्ठाप्य स्थिरमासनमात्मनः।
नात्युच्छ्रितं नातिनीचं चैलाजिनकुशोत्तरम्॥ 11॥

दोहा—

शुद्ध भूमि पर क्रम सहित, कुशा वस्त्र मृगछाल।
निम्न-उच्च अति हो नहीं, आसन सम पर डाल॥

~•~

तत्रैकाग्रं मनः कृत्वा यतचित्तेन्द्रियक्रियः।
उपविश्यासने युञ्ज्याद्योगमात्मविशुद्धये॥ 12॥

दोहा—

चित्त वशी एकाग्रमन, इंद्रिय क्रिया न पास।
अंतःकरणी शुद्धि को, करे योग अभ्यास॥

~•~

समं कायशिरोग्रीवं धारयन्नचलं स्थिरः।
संप्रेक्ष्य नासिकाग्रं स्वं दिशश्चानवलोकयन्॥ 14॥

दोहा—

सिर काया अरु कंठ को, थिर कर अचल समान।
नासिकाग्र पर दृष्टि थिर, नहीं दिशाएँ भान॥

~•~

प्रशान्तात्मा विगतभीर्ब्रह्मचारिव्रते स्थितः।
मनः संयम्य मच्चित्तो युक्त आसीत मत्परः॥ 14॥

दोहा—

ब्रह्मचर्य व्रत में स्थित, शांत मन भय खोय।
स्थिर चित्त अंतःकरण, मुझे परायण होय॥

~•~

युञ्जन्नेवं सदाऽऽत्मानं योगी नियतमानसः।
शान्तिं निर्वाणपरमां मत्संस्थामधिगच्छति॥ 15॥

दोहा—

योगी मन वश में करे, मम चैतन्य लगाय।
सदा रमे मम रूप में, मुझ सम शांति पाय॥

~•~

नात्यश्नतस्तु योगोऽस्ति न चैकान्तमनश्नतः।
न चातिस्वप्नशीलस्य जाग्रतो नैव चार्जुन॥ 16॥

दोहा—

सोय अधिक जागे अधिक, खाय बहुत नहिं खाय।
हे अर्जुन! तब योग भी, सिद्ध नहीं हो पाय॥

~•~

युक्ताहारविहारस्य युक्तचेष्टस्य कर्मसु।
युक्तस्वप्नावबोधस्य योगो भवति दुःखहा॥ 17॥

दोहा—

उचित सोय, जागे उचित, कर्म अहार विहार।
दुःख विनाशी योग जो, उसे सिद्ध हो सार॥

~•~

यदा विनियतं चित्तमात्मन्येवावतिष्ठते।
निःस्पृहः सर्वकामेभ्यो युक्त इत्युच्यते तदा॥ 18॥

दोहा—

चित्त वशी निज रूप में, स्थित होय जिस काल।
पूर्ण भोग निस्पृह पुरु, योगी का यह हाल॥

~•~

यथा दीपो निवातस्थो नेङ्गते सोपमा स्मृता।
योगिनो यतचित्तस्य युञ्जतो योगमात्मनः॥ 19॥

दोहा—

ज्यों वायु रहित स्थान में, दीप ज्योति थिर होय।
चित्त विजित योगी रहे, ईश ध्यान त्यों कोय॥

~•~

यत्रोपरमते चित्तं निरुद्धं योगसेवया।
यत्र चैवात्मनाऽऽत्मानं पश्यन्नात्मनि तुष्यति॥ 20॥

दोहा—

चित्त योग अभ्यास से, जब निरुद्ध हो जाय।
हो जाता उपराम तो, ईश ध्यान रत पाय॥ अ॥
योगी सूक्ष्म बुद्धि से, करे साक्षात्कार।
योगी का मन ईश में, सदा तुष्ट रह सार॥ ब॥

~•~

सुखमात्यन्तिकं यत्तद्बुद्धिग्राह्यमतीन्द्रियम्।
वेत्ति यत्र न चैवायं स्थितश्चलति तत्त्वतः॥ 21॥

दोहा—

शुद्ध बुद्धि बस ग्रहण कर, पूर्ण इंद्रियाँ भूत।
ईश रूप विचलित न हो, पा आनंद अकूत॥

~•~

यं लब्ध्वा चापरं लाभं मन्यते नाधिकं ततः।
यस्मिन्स्थितो न दुःखेन गुरुणापि विचाल्यते॥ 22॥

दोहा—

रूप दरस योगी मिले, अन्य लाभ नहिं कोय।
भारी दुख विचलित करें, चलायमान न होय॥

~•~

तं विद्याद् दुःखसंयोगवियोगं योगसंज्ञितम्।
स निश्चयेन योक्तव्यो योगोऽनिर्विण्णचेतसा॥ 23॥

दोहा—

जग संयोग वियोग दुख, रहित योग है नाम।
योग धैर्य उत्साह चित, दृढ़ कर्तव्यी काम॥

~•~

सङ्कल्पप्रभवान्कामांस्त्यक्त्वा सर्वानशेषतः।
मनसैवेन्द्रियग्रामं विनियम्य समन्ततः॥ 24॥

दोहा—

संकल्पों से कामना, पूर्ण त्याग कर जाय।
मन इंद्रिय समुदाय को, भलीभाँति रुकबाय॥

~•~

शनैः शनैरुपरमेद् बुद्ध्या धृतिगृहीतया।
आत्मसंस्थं मनः कृत्वा न किञ्चिदपि चिन्तयेत्॥ 25॥

दोहा—

क्रम क्रमशः अभ्यास हो, तब उपरति को पाय।
धैर्य बृध्दि मन ईश में, चिंतन अन्य न भाय॥

~•~

यतो यतो निश्चलति मनश्चञ्चलमस्थिरम्।
ततस्ततो नियम्यैतदात्मन्येव वशं नयेत्॥ 26॥

दोहा—

मन चंचल अस्थिर विचर, जिस जिस विषय समाय।
रोके उस उस विषय से, ईश निरुध्द कराय॥

~•~

प्रशान्तमनसं ह्येनं योगिनं सुखमुत्तमम्।
उपैति शान्तरजसं ब्रह्मभूतमकल्मषम्॥ 27॥

दोहा—

पूर्ण शांत मन रजगुण, पाप रहित हो जाय।
योगी एकीभाव प्रभु, परम आनंद पाय॥

~•~

युञ्जन्नेवं सदाऽऽत्मानं योगी विगतकल्मषः।
सुखेन ब्रह्मसंस्पर्शमत्यन्तं सुखमश्नुते॥ 28॥

दोहा—

पाप रहित योगी सदा, देही प्रभुहि लगाय।
सुख अनंत अनुभव सतत, बह्मरूप पा जाय॥

~•~

सर्वभूतस्थमात्मानं सर्वभूतानि चात्मनि।
ईक्षते योगयुक्तात्मा सर्वत्र समदर्शनः॥ 29॥

दोहा—

योग युक्त हो आत्मा, सब में भाव समान।
सम दर्शन कर आत्मा, ऐसा योगी जान॥ अ॥
सब भूतों में आत्मा, देखे एसा भाय।
भूत आत्मा में सभी, कल्पित देखे पाय॥ ब॥

~•~

यो मां पश्यति सर्वत्र सर्वं च मयि पश्यति।
तस्याहं न प्रणश्यामि स च मे न प्रणश्यति॥ 30॥

दोहा—

भूतों में देखे मुझे, सबमें मुझको पाय।
मैं अदृश्य उसको नहीं, वह भी मुझको नाय॥

~•~

सर्वभूतस्थितं यो मां भजत्येकत्वमास्थितः।
सर्वथा वर्तमानोऽपि स योगी मयि वर्तते॥ 31॥

दोहा—

सब भूतों मम आत्मा, देखे एकी भाव।
मुझे भजे बरतें सभी, मुझमें ही बरताव॥

~•~

आत्मौपम्येन सर्वत्र समं पश्यति योऽर्जुन।
सुखं वा यदि वा दुःखं स योगी परमो मतः॥ 32॥

दोहा—

अपने सम सब भूत हैं, सुख दुख में सम लेख।
अर्जुन! समभावी यही, उत्तम योगी देख॥

~•~

• अर्जुन उवाच—

योऽयं योगस्त्वया प्रोक्तः साम्येन मधुसूदन।
एतस्याहं न पश्यामि चञ्चलत्वात् स्थितिं स्थिराम्॥ 33॥

दोहा—

मधुसूदन! सम भाव जो, योग आप बतलाय।
चंचल मन से योग की, नित्य न स्थिति दिखाय॥

~•~

चञ्चलं हि मनः कृष्ण प्रमाथि बलवद्दृढम्।
तस्याहं निग्रहं मन्ये वायोरिव सुदुष्करम्॥ 34॥

दोहा—

मन प्रमथन बलवान दृढ़, कृष्ण कठिन वश आय।
वायु कठिन ज्यों रोकना, दुष्कर बहुत उपाय॥

~•~

• श्री भगवान उवाच—

हे महाबाहो!

असंशयं महाबाहो मनो दुर्निग्रहं चलम्।
अभ्यासेन तु कौन्तेय वैराग्येण च गृह्यते॥ 35॥

दोहा—

निःसंदेह मन चंचल, वश कर कठिन उपाय।
वैरागी अभ्यास से, अर्जुन वश कर जाय॥

~•~

असंयतात्मना योगो दुष्प्राप इति मे मतिः।
वश्यात्मना तु यतता शक्योऽवाप्तुमुपायतः॥ 36॥

दोहा—

जिसका मन वश में नहीं, योग कठिन हो जाय।
यत्नशील मन वश सहज, कर ले मम मत भाय॥

~•~

• अर्जुन उवाच—

अयतिः श्रद्धयोपेतो योगाच्चलितमानसः।
अप्राप्य योगसंसिद्धिं कां गतिं कृष्ण गच्छति॥ 37॥

दोहा—

श्रद्धा रखता योग में, योगी संयम हीन।
ब्रह्म पाय न योगच्युत, किस गति में हो लीन॥

~•~

कच्चिन्नोभयविभ्रष्टश्छिन्नाभ्रमिव नश्यति।
अप्रतिष्ठो महाबाहो विमूढो ब्रह्मणः पथि॥ 38॥

दोहा—

मोहित भगवत मार्ग से, पुरुष आचरण हीन।
छिन्न-भिन्न क्या मेघ सा, उभय भ्रष्ट मिट दीन॥

~•~

एतन्मे संशयं कृष्ण छेत्तुमर्हस्यशेषतः।
त्वदन्यः संशयस्यास्य छेत्ता न ह्युपपद्यते॥ 39॥

दोहा—

मेरे संशय के लिए, छेदन करिए आप।
अन्य न छेदन कर सके, मिटे न संशय ताप॥

~•~

• श्री भगवान उवाच—

पार्थ नैवेह नामुत्र विनाशस्तस्य विद्यते।
नहि कल्याणकृत्कश्चिद्दुर्गतिं तात गच्छति॥ 40॥

दोहा—

ईश पंथ पर जो चला, कभी न अवसर आय।
पार्थ! लोक पर लोक में, नाश न दुर्गति पाय॥

~•~

प्राप्य पुण्यकृतां लोकानुषित्वा शाश्वतीः समाः।
शुचीनां श्रीमतां गेहे योगभ्रष्टोऽभिजायते॥ 41॥

दोहा—

पुण्य लोक स्वर्गादि को, योग भ्रष्ट पा जाय।
बहुत बरस सुख भोग वह, जनम उच्च गृह पाय॥

~•~

अथवा योगिनामेव कुले भवति धीमताम्।
एतद्धि दुर्लभतरं लोके जन्म यदीदृशम्॥ 42॥

दोहा—

अथवा बैरागी पुरुष, उन लोकों नहिं जाय।
योगी कुल में जन्म ले, जग में दुर्लभ पाय॥

~•~

तत्र तं बुद्धिसंयोगं लभते पौर्वदेहिकम्।
यतते च ततो भूयः संसिद्धौ कुरुनन्दन॥ 43॥

दोहा—

पूर्व संग्रहित देह में, सम बुद्धि संस्कार।
कुरुनंदन! पाए सभी, अनायास ही सार॥ अ॥
उसके पुनः प्रभाव से, भगवत सिद्धि उपाय।
पहले से बढ़-चढ़ जतन, करे लगन लग जाय॥ ब॥

~•~

पूर्वाभ्यासेन तेनैव ह्रियते ह्यवशोऽपि सः।
जिज्ञासुरपि योगस्य शब्दब्रह्मातिवर्तते॥ 44॥

दोहा—

जन्म लेय श्रीमंत घर, योग भ्रष्ट परधीन।
पाय पूर्व अभ्यास से, योग समबुद्धि चीन॥ अ॥
वह आकर्षित ईश में, पुनः ईश पथ पाय।
सकाम कर्म कहे वेद, फल उल्लंघन भाय॥ ब॥

प्रयत्नाद्यतमानस्तु योगी संशुद्धकिल्बिषः।
अनेकजन्मसंसिद्धस्ततो याति परां गतिम्॥ 45॥

दोहा—

यत्न पूर्ण अभ्यास से, गत जन्मों बल आय।
पाप मुक्त सिद्धि जनम, शीघ्र परम गति पाय॥

~•~

तपस्विभ्योऽधिको योगी ज्ञानिभ्योऽपि मतोऽधिकः।
कर्मिभ्यश्चाधिको योगी तस्माद्योगी भवार्जुन॥ 46॥

दोहा—

तपसीगण या शास्त्री, श्रेष्ठ योगी जान।
श्रेष्ठ कर्म सकाम से, योगी हो तू मान॥

~•~

योगिनामपि सर्वेषां मद्गतेनान्तरात्मना।
श्रद्धावान्भजते यो मां स मे युक्ततमो मतः॥ 47॥

दोहा—

पूर्ण योगियों में वही, योगी श्रद्धावान।
मुझे सतत भज आत्मा, श्रेष्ठ वह मैं मान॥

ॐ

॥ इति षष्ठम अध्याय॥

□

॥ श्री शारदायै नमः ॥

अथ सप्तम अध्याय

ज्ञान विज्ञान योग

(श्लोक 30)

श्री गीता के अठारह अध्यायों में यद्यपि कर्मयोग, भक्ति योग और ज्ञान योग के क्रम से छह-छह अध्यायों के तीन षटक माने जाते हैं, परंतु इसका अभिप्राय यह नहीं है कि इन षटक में एक ही योग का वर्णन हो। जिन षटकों में जिस योग का प्रधानता से वर्णन होता है, उसी के अनुसार उसका नाम रख लिया गया है।

प्रथम अध्याय में प्रस्तावना का रूप है, लेकिन दूसरे अध्याय में ग्यारहवें श्लोक से तीसवें श्लोक तक 'सांख्ययोग' का विषय है। चौथे और पाँचवें अध्यायों में 'ज्ञानयोग और कर्मयोग' का मिला हुआ वर्णन है। छठे अध्याय में प्रधान रूप से 'ध्यान योग' का वर्णन है। यद्यपि अन्य दोनों षटकों में कुछ वर्णन मिलता तो है, पर यही प्रथम षटक कर्मयोग प्रधान अधिक माना जाता है।

परमात्मा के निर्गुण निराकार तत्त्व के प्रभाव, महात्म आदि के रहस्य सहित पूर्ण रूप से जान लेने का नाम 'ज्ञान' और सगुण निराकार एवं साकार तत्त्व के लीला रहस्य, महत्त्व, गुण और प्रभाव आदि के पूर्ण ज्ञान का नाम 'विज्ञान' है। इन ज्ञान और विज्ञान के सहित भगवान् के स्वरूप को जानना ही समग्र भगवान् को जानना है। इस अध्याय में भगवान् के समग्र स्वरूप के जानने वाले अधिकारियों का और साधनों का वर्णन है। इसलिए इसका नाम 'ज्ञान विज्ञान योग' रखा गया है।

• श्री भगवान उवाच—

मय्यासक्तमनाः पार्थ योगं युञ्जन्मदाश्रयः।
असंशयं समग्रं मां यथा ज्ञास्यसि तच्छृणु॥ 1॥

दोहा—

पार्थ! अनन्य प्रेम युक्त, चित्त आसक्ति माम।
मुझे योग मय परायण, तू भज रमकर नाम॥ अ॥
पूर्ण ऐश्वर्य विभूति, गुण बल युत मम रूप।
जान समझ संशय बिना, तू सुन उसको भूप॥ ब॥

~•~

ज्ञानं तेऽहं सविज्ञानमिदं वक्ष्याम्यशेषतः।
यज्ज्ञात्वा नेह भूयोऽन्यज्ज्ञातव्यमवशिष्यते॥ 2॥

दोहा—

पूर्ण कहूँगा मैं तुझे, तत्त्व ज्ञान विज्ञान।
जिसे जान जग में नहीं, ज्ञान शेष जो जान॥

~•~

मनुष्याणां सहस्रेषु कश्चिद्यतति सिद्धये।
यततामपि सिद्धानां कश्चिन्मां वेत्ति तत्त्वतः॥ 3॥

दोहा—

यत्न हजारों जन करें, मूल तत्त्व पा एक।
उन सिद्धों में तत्त्व मम, एक जान जो नेक॥

~•~

भूमिरापोऽनलो वायुः खं मनो बुद्धिरेव च।
अहङ्कार इतीयं मे भिन्ना प्रकृतिरष्टधा॥ 4॥

दोहा—

भूमि अग्नि जल वायु नभ बुद्धि अहं मन जान।
आठ तरह की जड़ प्रकृति, मम विखंड है मान॥

~•~

अपरेयमितस्त्वन्यां प्रकृतिं विद्धि मे पराम्।
जीवभूतां महाबाहो ययेदं धार्यते जगत्॥ 5॥

दोहा—

पूर्ण जगत् दूजी प्रकृति, पार्थ! नहीं कुछ आन।
जीव रूप चैतन्य प्रकृति, मेरी धारण मान॥

~•~

एतद्योनीनि भूतानि सर्वाणीत्युपधारय।
अहं कृत्स्नस्य जगतः प्रभवः प्रलयस्तथा॥ 6॥

दोहा—

पूर्ण भूत द्विय प्रकृतियाँ, इनसे जनमे मान।
प्रलय जगत् का आदि मैं, हेतु मूल जग जान॥

~•~

मत्तः परतरं नान्यत्किञ्चिदस्ति धनञ्जय।
मयि सर्वमिदं प्रोतं सूत्रे मणिगणा इव॥ 7॥

दोहा—

मेरे सिवाय धनंजय! कारण अन्य न कोय।
यह जग मुझमें पूर्ण ज्यों, गुँथी माल मणि होय॥

~•~

रसोऽहमप्सु कौन्तेय प्रभास्मि शशिसूर्ययोः।
प्रणवः सर्ववेदेषु शब्दः खे पौरुषं नृषु॥ 8॥

दोहा—

सर्व वेद ओंकार में, सूर्य शशि प्रभा पार्थ।
जल में रस हूँ, शब्द नभ, पुरुषों में पुरुषार्थ॥

~•~

पुण्यो गन्धः पृथिव्यां च तेजश्चास्मि विभावसौ।
जीवनं सर्वभूतेषु तपश्चास्मि तपस्विषु॥ 9॥

दोहा—

गंध पवित्र हूँ भूमि में, अग्नि तेज हूँ मान।
जीवन भूतों का मुझे, तपसी का तप जान॥

~•~

बीजं मां सर्वभूतानां विद्धि पार्थ सनातनम्।
बुद्धिर्बुद्धिमतामस्मि तेजस्तेजस्विनामहम्॥ 10॥

दोहा—

सब भूतों का सनातन, बीज मुझी को जान।
बुद्धिमान की बुद्धि हूँ, तेज तेज पुरु मान॥

~•~

बलं बलवतां चाहं कामरागविवर्जितम्।
धर्माविरुद्धो भूतेषु कामोऽस्मि भरतर्षभ॥ 11॥

दोहा—

रहित आसक्ति कामना, मैं ही बल बलवान।
धर्म शास्त्रिय काम हूँ, सब भूतों का जान॥

~•~

ये चैव सात्त्विका भावा राजसास्तामसाश्च ये।
मत्त एवेति तान्विद्धि न त्वहं तेषु ते मयि॥ 12॥

दोहा—

सत्त्व रजोगुण तमोगुण, इनसे पैदा भाव।
मुझसे ही उत्पन्न सब, मुझमें मुझे न चाव॥

~•~

त्रिभिर्गुणमयैर्भावैरेभिः सर्वमिदं जगत्।
मोहितं नाभिजानाति मामेभ्यः परमव्ययम्॥ 13॥

दोहा—

सतो रजो तम भाव त्रिय, प्राणि मोह जग जान।
तीन गुणों से मैं परे, ब्रह्म को न पहचान॥

~•~

दैवी ह्येषा गुणमयी मम माया दुरत्यया।
मामेव ये प्रपद्यन्ते मायामेतां तरन्ति ते॥ 14॥

दोहा—

मेरी माया त्रिगुण मय, अद्‌भुत दुस्तर जान।
मुझे सत्त पुरु जो भजे, माया छुट तर मान॥

~•~

न मां दुष्कृतिनो मूढाः प्रपद्यन्ते नराधमाः।
माययापहृतज्ञाना आसुरं भावमाश्रिताः॥ 15॥

दोहा—

धारें असुर सुभाव वे, माया हर ले ज्ञान।
मूढ़ करे दूषित करम, मुझको भजे न जान॥

~•~

चतुर्विधा भजन्ते मां जनाः सुकृतिनोऽर्जुन।
आर्तो जिज्ञासुरर्थार्थी ज्ञानी च भरतर्षभ॥ 16॥

दोहा—

उत्तम कर्म अर्थार्थी, जिज्ञासु ज्ञानी जान।
आर्त चार प्रकार भगत, मुझको भजते मान॥

~•~

तेषां ज्ञानी नित्ययुक्त एकभक्तिर्विशिष्यते।
प्रियो हि ज्ञानिनोऽत्यर्थमहं स च मम प्रियः॥ 17॥

दोहा—

उनमें एकीभाव से, स्थित भजे नित नाम।
तत्त्वज्ञानविद् प्रिय मुझे, उसको मैं प्रियधाम॥

~•~

उदाराः सर्व एवैते ज्ञानी त्वात्मैव मे मतम्।
आस्थितः स हि युक्तात्मा मामेवानुत्तमां गतिम्॥ 18॥

दोहा—

ये हैं सभी उदार पर, ज्ञानी मेरा रूप।
युक्त आत्मा स्थित मुझ, मम मत यही अनूप॥

~•~

बहूनां जन्मनामन्ते ज्ञानवान्मां प्रपद्यते।
वासुदेवः सर्वमिति स महात्मा सुदुर्लभः॥ 19॥

दोहा—

बहु जन्मों के अंत में, तत्त्व ज्ञान पुरु आय।
सबकुछ भज वसुदेव ही, साधु कठिन मिल पाय॥

~•~

कामैस्तैस्तैर्हृतज्ञानाः प्रपद्यन्तेऽन्यदेवताः।
तं तं नियममास्थाय प्रकृत्या नियताः स्वया॥ 20॥

दोहा—

उन उन भोग आकांक्षा, हरा जा चुका ज्ञान।
प्रेरित निज स्वभाव से, उस-उस देव पुजान॥

~•~

यो यो यां यां तनुं भक्तः श्रद्धयार्चितुमिच्छति।
तस्य तस्याचलां श्रद्धां तामेव विदधाम्यहम्॥ 21॥

दोहा—

जो जो भक्त सकाम हो, पूजे जिस-जिस देव।
श्रद्धा उस उस देव में, स्थिर करूँ मैं लेव॥

~•~

स तया श्रद्धया युक्तस्तस्याराधनमीहते।
लभते च ततः कामान्मयैव विहितान् हि तान्॥ 22॥

दोहा—

उस श्रद्धा से वह पुरुष, देव पूज जो भाय।
मम विधान उस देव से, इच्छित फल वह पाय॥

~•~

अन्तवत्तु फलं तेषां तद्भवत्यल्पमेधसाम्।
देवान्देवयजो यान्ति मद्भक्ता यान्ति मामपि॥ 23॥

दोहा—

नशवान फल मूढ़ वे, पूज देवगण पायँ।
भगत भजें मेरे मुझे, मुझको ही पा जायँ॥

~•~

अव्यक्तं व्यक्तिमापन्नं मन्यन्ते मामबुद्धयः।
परं भावमजानन्तो ममाव्ययमनुत्तमम्॥ 24॥

दोहा—

अविनाशी अव्यक्त मैं, परम भाव नहिं जान।
मूढ़ मुझ अक्षर ब्रह्म को, तभी व्यक्ति सा मान॥

~•~

नाहं प्रकाशः सर्वस्य योगमायासमावृतः।
मूढोऽयं नाभिजानाति लोको मामजमव्ययम्॥ 25॥

दोहा—

छिपा योग माया रहूँ, अतः प्रत्यक्ष न देख।
मूढ़ ईश चीने नहीं, जनम मरण पुरु लेख॥

~•~

वेदाहं समतीतानि वर्तमानानि चार्जुन।
भविष्याणि च भूतानि मां तु वेद न कश्चन॥ 26॥

दोहा—

हुए पूर्व में हैं अभी, आगे होंगे भूत।
मैं सबको जानूँ मुझे, आश्रद्धा जन न कूत॥

~•~

इच्छाद्वेषसमुत्थेन द्वन्द्वमोहेन भारत।
सर्वभूतानि संमोहं सर्गे यान्ति परन्तप॥ 27॥

दोहा—

जग में इच्छा द्वेष से, उपजें द्वंद्व व मोह।
सर्व भूत पायँ अज्ञता, होता ज्ञान विछोह॥

~•~

येषां त्वन्तगतं पापं जनानां पुण्यकर्मणाम्।
ते द्वन्द्वमोहनिर्मुक्ता भजन्ते मां दृढव्रताः॥ 28॥

दोहा—

भाव रखे निष्काम जो, पुण्य कर्म ही भाय।
पाप मुक्त पुरु द्वंद्व बिन, मुझे दृढ़ भजे पाय॥

~•~

जरामरणमोक्षाय मामाश्रित्य यतन्ति ये।
ते ब्रह्म तद्विदुः कृत्स्नमध्यात्मं कर्म चाखिलम्॥ 29॥

दोहा—

जरा-मरण छुट यत्न कर, मुझ शरणागत होय।
सारे कर्म अध्यात्म, पुरुष ब्रह्मविद् सोय॥

~•~

साधिभूताधिदैवं मां साधियज्ञं च ये विदुः।
प्रयाणकालेऽपि च मां ते विदुर्युक्तचेतसः॥ 30॥

दोहा—

अधिभूत, अधिदेव और, मिला अधियज्ञ साथ।
युक्त चित्त पुरु अंत विद्, मुझको पाय सनाथ॥

ॐ

॥ इति सप्तम अध्याय॥

□

॥ श्री शारदायै नमः ॥

अथ अष्टम अध्याय

अक्षर ब्रह्मयोग

(श्लोक 28)

'अक्षर' और 'ब्रह्म' शब्दों का भगवान् के सगुण और निर्गुण दोनों ही स्वरूपों का वाचक है। उसे भी 'अक्षर' और 'ब्रह्म' कहते हैं। (8/13) इस अध्याय में भगवान् के सगुण-निर्गुण रूप का और ओंकार का वर्णन है, इसलिए इस अध्याय का नाम 'अक्षर ब्रह्मयोग' रखा गया है।

सातवें अध्याय के प्रथम से तीसरे श्लोक तक भगवान् ने अपने समग्र रूप का तत्त्व सुनाने के लिए अर्जुन को सावधान करते हुए उसके कहने की प्रतिज्ञा और जानने वालों की प्रशंसा की। फिर सत्ताईसवें श्लोक तक अनेक प्रकार से उस तत्त्व को समझकर न जानने के कारण को भी भलीभाँति समझाया और अंत में ब्रह्म, अध्यात्म, कर्म, अधिभूत, अधिदेव अधियज्ञ सहित भगवान् के समग्र रूप से जानने वाले भक्त की महिमा का वर्णन करते हुए उस अध्याय का उपसंहार किया। उन्नीसवें और तीसवें श्लोकों में वर्णित ब्रह्म, अध्यात्म, कर्म, अधिभूत, अधिदेव और अधियज्ञ—इन छहों का तथा प्रयाणकाल में भगवान् को जानने की बात का रहस्य भलीभाँति न समझने के कारण इस आठवें अध्याय के प्रारंभ के पहले दो श्लोकों में अर्जुन उपर्युक्त सातों विषयों को समझने के लिए भगवान् से प्रश्न करते हैं।

"किं तदब्रह्म किं अध्यात्म।"

• अर्जुन उवाच—

किं तद्ब्रह्म किमध्यात्मं किं कर्म पुरुषोत्तम।
अधिभूतं च किं प्रोक्तमधिदैवं किमुच्यते॥ 1॥

दोहा—

पुरुषोत्तम! कहें ब्रह्म, अध्यात्म क्या होय।
अधिभूत अधिदेव कहें, कर्म बताएँ मोय॥

~•~

अधियज्ञः कथं कोऽत्र देहेऽस्मिन्मधुसूदन।
प्रयाणकाले च कथं ज्ञेयोऽसि नियतात्मभिः॥ 2॥

दोहा—

कृष्ण! कौन अधियज्ञ यहाँ, तन में कैसे मान।
युक्त चित्त पुरु अंत में, सके आपको जान॥

~•~

• श्री कृष्ण उवाच—

अक्षरं ब्रह्म परमं स्वभावोऽध्यात्ममुच्यते।
भूतभावोद्भवकरो विसर्गः कर्मसंज्ञितः॥ 3॥

दोहा—

अध्यात्म जीवात्मा, ब्रह्म अक्षर कहलाय।
भूत भाव करते सृजन, त्याग कर्म जन बाय॥

~•~

अधिभूतं क्षरो भावः पुरुषश्चाधिदैवतम्।
अधियज्ञोऽहमेवात्र देहे देहभृतां वर॥ 4॥

दोहा—

नष्ट-उत्पत्ति धर्म के, सब पदार्थ अधिभूत।
ब्रह्मा को अधिदेव कहें, मैं अधियज्ञ तन कूत॥

~•~

अन्तकाले च मामेव स्मरन्मुक्त्वा कलेवरम्।
यः प्रयाति स मद्भावं याति नास्त्यत्र संशयः ॥ 5 ॥

दोहा—

जो स्मरण करता मुझे, अंत काल तन त्याग।
पाय मुझी को वह पुरुष, निसंदेह बढ़ भाग॥

~•~

यं यं वापि स्मरन्भावं त्यजत्यन्ते कलेवरम्।
तं तमेवैति कौन्तेय सदा तद्भावभावितः॥ 6॥

दोहा—

अंतकाल जिस भाव को, स्मरण कर तन त्याग।
उसी भाव भावित पुरुष, वही पाय बेलाग॥

~•~

तस्मात्सर्वेषु कालेषु मामनुस्मर युध्य च।
मय्यर्पितमनोबुद्धिर्मामेवैष्यस्यसंशयम्॥ 7॥

दोहा—

अतः सदा स्मरण मुझे, करके युद्ध कराय।
मुझ अर्पण मन बुद्धि कर, मुझे असंशय पाय॥

~•~

अभ्यासयोगयुक्तेन चेतसा नान्यगामिना।
परमं पुरुषं दिव्यं याति पार्थानुचिन्तयन्॥ 8॥

दोहा—

योग युक्त अभ्यास हो, चिंतन अन्य न भाय।
चित्त परम पुरु तन तजे, उसी परम को पाय॥

~•~

कविं पुराणमनुशासितार
मणोरणीयांसमनुस्मरेद्यः।
सर्वस्य धातारमचिन्त्यरूप
मादित्यवर्णं तमसः परस्तात्॥ 9॥

दोहा—

सर्वज्ञ नियंता अनादि, चेतन सूर्य प्रकाश।
सूक्ष्म जगत् धाता वही, स्मरण ईश प्रयास॥

~•~

प्रयाणकाले मनसाऽचलेन
भक्त्या युक्तो योगबलेन चैव।
भ्रुवोर्मध्ये प्राणमावेश्य सम्यक्
स तं परं पुरुषमुपैति दिव्यम्॥ 10॥

दोहा—

अंत काल वह योग से, भृकुटि मध्य कर प्राण।
निश्चल मन भज देव पुरु, ईश पाय कल्याण॥

~•~

यदक्षरं वेदविदो वदन्ति
विशन्ति यद्यतयो वीतरागाः।
यदिच्छन्तो ब्रह्मचर्यं चरन्ति
तत्ते पदं संग्रहेण प्रवक्ष्ये॥ 11॥

दोहा—

अविनाशी कह वेदविद्, अनासक्त संन्यास।
वे प्रवेश जिसमें करें, पाएँ परम पद पास॥ अ॥
ब्रह्मचर्य का आचरण, पद इच्छित निर्लेप।
वही परम पद मैं तुझे, कहता हूँ संक्षेप॥ ब॥

~•~

सर्वद्वाराणि संयम्य मनो हृदि निरुध्य च।
मूर्ध्न्याधायात्मनः प्राणमास्थितो योगधारणाम्॥ 12॥

दोहा—

रोक इंद्रियाँ द्वार सब, मन हिरदय बैठाय।
प्राण मस्तक में स्थापित, स्थित ईश में पाय॥

~•~

ओमित्येकाक्षरं ब्रह्म व्याहरन्मामनुस्मरन्।
यः प्रयाति त्यजन्देहं स याति परमां गतिम्॥ 13॥

दोहा—

ॐ उच्चारण चिंतन, ब्रह्म देह कर त्याग।
परम गति को प्राप्त वह, होगा ही बढ़ भाग॥

~•~

अनन्यचेताः सततं यो मां स्मरति नित्यशः।
तस्याहं सुलभः पार्थ नित्ययुक्तस्य योगिनः॥ 14॥

दोहा—

ध्यान मगन पुरुषोत्तम, चित्त अनन्य लगाय।
योगी मुझ में युक्त नित, सहज मुझे पा जाय॥

~•~

मामुपेत्य पुनर्जन्म दुःखालयमशाश्वतम्।
नाप्नुवन्ति महात्मानः संसिद्धिं परमां गताः॥ 15॥

दोहा—

परम सिद्धि पा महात्मा, समझ मुझी को पायँ।
क्षण भंगुर दुख घर जगत्, पुनर्जन्म छुट जायँ॥

~•~

आब्रह्मभुवनाल्लोकाः पुनरावर्तिनोऽर्जुन।
मामुपेत्य तु कौन्तेय पुनर्जन्म न विद्यते॥ 16॥

दोहा—

ब्रह्म लोक से लोक सब, आवागमनी होयँ।
अर्जुन! मुझको पायँ जो, पुनर्जन्म वे खोयँ॥

~•~

सहस्रयुगपर्यन्तमहर्यद्ब्रह्मणो विदुः।
रात्रिं युगसहस्रान्तां तेऽहोरात्रविदो जनाः॥ 17॥

दोहा—

ब्रह्मा के दिन रात को, योगी तत्त्वी जान।
चार अरब बत्तीस गिन, करोड़ वर्षिय मान॥

~•~

अव्यक्ताद्व्यक्तयः सर्वाः प्रभवन्त्यहरागमे।
रात्र्यागमे प्रलीयन्ते तत्रैवाव्यक्तसंज्ञके॥ 18॥

दोहा—

भूत जनमे सूक्ष्म तन, ब्रह्मा के दिन काल।
रात्रि उसी तन लीन हों, भूतों का यह हाल॥

~•~

भूतग्रामः स एवायं भूत्वा भूत्वा प्रलीयते।
रात्र्यागमेऽवशः पार्थ प्रभवत्यहरागमे॥ 19॥

दोहा—

जन्म प्रकृतिवश लेय जो, वही भूत समुदाय।
रात्रि काल प्रवेश मरे, दिवस फिर जनम पाय॥

~•~

परस्तस्मात्तु भावोऽन्योऽव्यक्तोऽव्यक्तात्सनातनः।
यः स सर्वेषु भूतेषु नश्यत्सु न विनश्यति॥ 20॥

दोहा—

परे अव्यक्त सनातन, भाव दूसरा जान।
भूत नष्ट होते सभी, ब्रह्म नष्ट मत मान॥

~•~

अव्यक्तोऽक्षर इत्युक्तस्तमाहुः परमां गतिम्।
यं प्राप्य न निवर्तन्ते तद्धाम परमं मम॥ 21॥

दोहा—

अव्यक्त अक्षर ब्रह्म है, भाव परम गति नाम।
पा अव्यक्त वापस नहीं, वही परम मम धाम॥

~•~

पुरुषः स परः पार्थ भक्त्या लभ्यस्त्वनन्यया।
यस्यान्तःस्थानि भूतानि येन सर्वमिदं ततम्॥ 22॥

दोहा—

पार्थ ईश व्यापा जगत्, सर्व भूत आधीन।
ध्यानी अनन्य भक्ति से, परम पुरुष पा चीन॥

~•~

यत्र काले त्वनावृत्तिमावृत्तिं चैव योगिनः।
प्रयाता यान्ति तं कालं वक्ष्यामि भरतर्षभ॥ 23॥

दोहा—

योगी जन जिस काल में, जाकर वापस आयँ।
गति कहते आवागमन, दोनों मार्ग बतायँ॥

~•~

अग्निर्ज्योतिरहः शुक्लः षण्मासा उत्तरायणम्।
तत्र प्रयाता गच्छन्ति ब्रह्म ब्रह्मविदो जनाः॥ 24॥

दोहा—

ज्योति अग्नि दिन देवता, शुक्ल पक्ष छह माह।
उत्तरायण ब्रह्म वेत्ता, मरे ब्रह्म पा राह॥

~•~

धूमो रात्रिस्तथा कृष्णः षण्मासा दक्षिणायनम्।
तत्र चान्द्रमसं ज्योतिर्योगी प्राप्य निवर्तते॥ 25॥

दोहा—

कृष्ण पक्ष दक्षिणायन, देव माह छह जान।
योगी भोग सुकर्म फल, चंद्र ज्योति पा आन॥

~•~

शुक्लकृष्णे गती ह्येते जगतः शाश्वते मते।
एकया यात्यनावृत्तिमन्ययाऽऽवर्तते पुनः॥ 26॥

दोहा—

शुक्ल-कृष्ण दो जगत् में, देवयान-पितृयान।
प्रथम मार्ग लौटे नहीं, दूजा वापस आन॥

~•~

नैते सृती पार्थ जानन्योगी मुह्यति कश्चन।
तस्मात्सर्वेषु कालेषु योगयुक्तो भवार्जुन॥ 27॥

दोहा—

तत्त्व जान इन मार्ग दो, योगी मोह न होय।
योग युक्त समबुद्धि से, साधन रत पा मोय॥

~•~

क्योंकि—

वेदेषु यज्ञेषु तपःसु चैव
दानेषु यत्पुण्यफलं प्रदिष्टम्।
अत्येति तत्सर्वमिदं विदित्वा
योगी परं स्थानमुपैति चाद्यम्॥ 28॥

दोहा—

योगी इसी रहस्य को, तत्त्व सहित ले जान।
वेद पढ़े एसा कहें, करें यज्ञ तप दान॥ अ॥
उल्लंघन कर पुण्य फल, निसंदेह यह जान।
पाय सनातन परम पद, इतना रख बस ध्यान॥ ब॥

ॐ

॥ इति अष्टम अध्याय॥

□

॥ श्री शारदायै नमः ॥

अथ नवम अध्याय

राजविद्या राजगुह्ययोग

(श्लोक 38)

इस अध्याय में भगवान् ने जो उपदेश दिया है, उसको उन्होंने सब विद्याओं का एवं समस्त गुप्त रखने योग्य भावों का राजा बतलाया है। इसलिए इस अध्याय का नाम 'राजविद्याराजगुह्ययोग' रखा गया है।

सातवें अध्याय के आरंभ में भगवान् ने विज्ञान सहित ज्ञान की प्रतिज्ञा की थी। उसके अनुसार उस विषय का वर्णन करते हुए अर्जुन के सातों प्रश्नों का उत्तर दिया एवं अंत काल में भगवान् को जानने की एवं भगवत चिंतन की बात कही। इस प्रकार सातवें अध्याय में छह प्रश्न पूरे हुए तथा अंतिम सातवें का उत्तर जब देना शुरू किया, तब वह आठवें अध्याय में पूरा हुआ।

इस प्रकार सातवें अध्याय में आरंभ किए हुए विज्ञान सहित ज्ञान का संपूर्ण वर्णन न होने के कारण उसी विषय को भलीभाँति समझाने के लिए भगवान् ने इस नए अध्याय को आरंभ किया तथा सातवें अध्याय में वर्णित उपदेश के साथ इसका घनिष्ठ संबंध दिखलाने के लिए प्रथम श्लोक में पुनः उसी विज्ञान सहित ज्ञान का वर्णन करने की प्रतिज्ञा करते हैं।

• श्री भगवान उवाच—

इदं तु ते गुह्यतमं प्रवक्ष्याम्यनसूयवे।
ज्ञानं विज्ञानसहितं यज्ज्ञात्वा मोक्ष्यसेऽशुभात्॥ 1॥

दोहा—

दोष दृष्टि से तू रहित, कहूँ ज्ञान विज्ञान।
ज्ञान गोपनीय जान ले, जग दुख मुक्ति मान॥

~•~

राजविद्या राजगुह्यं पवित्रमिदमुत्तमम्।
प्रत्यक्षावगमं धर्म्यं सुसुखं कर्तुमव्ययम्॥ 2॥

दोहा—

ज्ञान पवित्र विज्ञान सहित, हर विद्या नृप जान।
फल प्रत्यक्ष उत्तम सुगम, अजर धर्मयुत मान॥

~•~

अश्रद्दधानाः पुरुषा धर्मस्यास्य परन्तप।
अप्राप्य मां निवर्तन्ते मृत्युसंसारवर्त्मनि॥ 3॥

दोहा—

पुरुष धर्म श्रद्धा बिना, मुझको कभी न पाय।
मृत्यु रूप जग चक्र में, भ्रमण करे फँस जाय॥

~•~

मया ततमिदं सर्वं जगदव्यक्तमूर्तिना।
मत्स्थानि सर्वभूतानि न चाहं तेष्ववस्थितः॥ 4॥

दोहा—

निराकार मुझ ईश में, जग जल बरफ समान।
मुझ संकल्पों भूत सब, उनमें स्थित न जान॥

~•~

न च मत्स्थानि भूतानि पश्य मे योगमैश्वरम्।
भूतभृन्न च भूतस्थो ममात्मा भूतभावनः॥ 5॥

दोहा—

भूत स्थित मुझ में नहीं, ईश योग बल देख।
मैं पालक पोषक सृजक, स्थित न उनमें लेख॥

~•~

यथाऽऽकाशस्थितो नित्यं वायुः सर्वत्रगो महान्।
तथा सर्वाणि भूतानि मत्स्थानीत्युपधारय॥ 6॥

दोहा—

वायु विचर नित हर जगह, ज्यों थिर नभ में मान।
पूर्ण भूत मुझ में स्थित, बस एसा तू जान॥

~•~

सर्वभूतानि कौन्तेय प्रकृतिं यान्ति मामिकाम्।
कल्पक्षये पुनस्तानि कल्पादौ विसृजाम्यहम्॥ 7॥

दोहा—

कल्प अंत सब भूत ये, मेरी प्रकृति समायँ।
आदि कल्प रचता पुनः अर्जुन! कहीं न जायँ॥

~•~

प्रकृतिं स्वामवष्टभ्य विसृजामि पुनः पुनः।
भूतग्राममिमं कृत्स्नमवशं प्रकृतेर्वशात्॥ 8॥

दोहा—

प्राणि परतंत्र प्रकृति वश, प्रकृति मेरे अधीन।
भूत रचूँ सब कर्म ज्यों, बार-बार यह चीन॥

~•~

न च मां तानि कर्माणि निबध्नन्ति धनञ्जय।
उदासीनवदासीनमसक्तं तेषु कर्मसु॥ 9॥

दोहा—

अनासक्त उन कर्म से, उदासीन मैं जान।
मुझमें स्थित कर्म सभी, मुझे न बाँधे मान॥

~•~

मयाऽध्यक्षेण प्रकृतिः सूयते सचराचरम्।
हेतुनाऽनेन कौन्तेय जगद्विपरिवर्तते॥ 10॥

दोहा—

मुझी अधिष्ठा से प्रकृति, अर्जुन! पा संकेत।
रचे चराचर जगत् चक्र, घूम रहा इस हेत॥

~•~

अवजानन्ति मां मूढा मानुषीं तनुमाश्रितम्।
परं भावमजानन्तो मम भूतमहेश्वरम्॥ 11॥

दोहा—

मनुज देह धारण करूँ, परम भाव नहिं जान।
करें अवज्ञा मूढ जो, मुझे मनुज सम मान॥

~•~

मोघाशा मोघकर्माणो मोघज्ञाना विचेतसः।
राक्षसीमासुरीं चैव प्रकृतिं मोहिनीं श्रिताः॥ 12॥

दोहा—

व्यर्थ कर्म आशा सहित, चित्त विक्षिप्त अज्ञान।
असुर राक्षसी मोहिनी, प्रकृति धारते मान॥

~•~

महात्मानस्तु मां पार्थ दैवीं प्रकृतिमाश्रिताः।
भजन्त्यनन्यमनसो ज्ञात्वा भूतादिमव्ययम्॥ 13॥

दोहा—

आश्रित दैवी प्रकृति के, अक्षर रूप मैं जान।
भूत जन्म कारक जगत्, मन से नित भज मान॥

~•~

सततं कीर्तयन्तो मां यतन्तश्च दृढव्रताः।
नमस्यन्तश्च मां भक्त्या नित्ययुक्ता उपासते॥ 14॥

दोहा—

दृढ़ निश्चय वाले भगत, नित भज कीर्तन नाम।
भूत जन्म कारक जगत्, करते प्रेम प्रणाम॥

~•~

ज्ञानयज्ञेन चाप्यन्ये यजन्तो मामुपासते।
एकत्वेन पृथक्त्वेन बहुधा विश्वतोमुखम्॥ 15॥

दोहा—

अन्य ज्ञान यज्ञ से मुझे, अभिन्न भाव पुजायँ।
विश्वरूप भजते कई, प्रथक उपासित पायँ॥

~•~

अहं क्रतुरहं यज्ञः स्वधाऽहमहमौषधम्।
मंत्रोऽहमहमेवाज्यमहमग्निरहं हुतम्॥ 16॥

दोहा—

यज्ञ अग्नि धृत क्रत स्वधा, मंत्र मुझे ही मान।
मैं ही औषधि आदि हूँ, हवन क्रिया मैं जान॥

~•~

पिताऽहमस्य जगतो माता धाता पितामहः।
वेद्यं पवित्रमोंकार ऋक् साम यजुरेव च॥ 17॥

दोहा—

मैं हूँ धाता जगत् का, करूँ यज्ञ फलदान।
मात-पिता मैं पितामह, ऊँकार हूँ जान॥ अ॥
साम, यजुर, ऋग्वेद मैं, पूर्ण पवित्र हूँ मान।
मैं हूँ जानने योग्य, केवल यह ले जान॥ ब॥

~•~

गतिर्भर्ता प्रभुः साक्षी निवासः शरणं सुहृत्।
प्रभवः प्रलयः स्थानं निधानं बीजमव्ययम्॥ 18॥

दोहा—

परम धाम पोषण भरण,
शरण वास स्थान।
सबका स्वामी शुभ अशुभ,
देखूँ यह ले मान॥ अ॥
हेतु प्रलय-उत्पत्ति मैं,
हूँ निधान यह सार।
अविनाशी हित साधता,
चाह न प्रत्युपकार ॥ ब॥

~•~

तपाम्यहमहं वर्षं निगृह्णाम्युत्सृजामि च।
अमृतं चैव मृत्युश्च सदसच्चाहमर्जुन॥ 19॥

दोहा—

सूर्य रूप से मैं तपूँ, वर्षा कारण मान।
अमृत-मृत्यु मैं सत्-असत्, अर्जुन! मैं ही जान॥

~•~

त्रैविद्या मां सोमपाः पूतपापा
यज्ञैरिष्ट्वा स्वर्गतिं प्रार्थयन्ते।
ते पुण्यमासाद्य सुरेन्द्रलोक
मश्नन्ति दिव्यान्दिवि देवभोगान्॥ 20॥

दोहा—

वर्णित तीनों वेद में, सकाम कर्म विधान।
पाप रहित वह कर्म कर, करें सोमरस पान॥ अ॥
मुझे यज्ञ कर पूजते, स्वर्ग चाहते लोग।
निजी पुण्य फल स्वर्ग का, दिव्य भोग वे भोग॥ ब॥

~•~

ते तं भुक्त्वा स्वर्गलोकं विशालं
क्षीणे पुण्ये मर्त्यलोकं विशन्ति।
एवं त्रयीधर्ममनुप्रपन्ना
गतागतं कामकामा लभन्ते॥ 21॥

दोहा—

वे उस स्वर्ग विशाल को, पायँ पुण्य फल भोग।
पुण्य क्षीण, सकाम कर्म, लौटें जग में लोग॥

~•~

अनन्याश्चिन्तयन्तो मां ये जनाः पर्युपासते।
तेषां नित्याभियुक्तानां योगक्षेमं वहाम्यहम्॥ 22॥

दोहा—

अनन्य प्रेमी भक्त जो, मुझे भजें निष्काम।
योग क्षेम देता स्वयं, मुझ चिंतन नित नाम॥

~•~

येऽप्यन्यदेवता भक्ता यजन्ते श्रद्धयाऽन्विताः।
तेऽपि मामेव कौन्तेय यजन्त्यविधिपूर्वकम्॥ 23॥

दोहा—

श्रद्धायुत सकाम भगत, अन्य देव पुजवायँ।
यद्यपि वे पूजें मुझे, अविधि युक्त कहलायँ॥

~•~

अहं हि सर्वयज्ञानां भोक्ता च प्रभुरेव च।
न तु मामभिजानन्ति तत्त्वेनातश्च्यवन्ति ते॥ 24॥

दोहा—

मैं स्वामी मैं भोक्ता, सब यज्ञों का मान।
मुझे न जाने तत्त्व से, अतः फिर जनम जान॥

~•~

यान्ति देवव्रता देवान् पितॄन्यान्ति पितृव्रताः।
भूतानि यान्ति भूतेज्या यान्ति मद्याजिनोऽपि माम्॥ 25॥

दोहा—

देव पितर या भूत को, जो पूजे वो पाय।
मुझे पूज कर पा मुझे, पुनर्जन्म छुट जाय॥

~•~

पत्रं पुष्पं फलं तोयं यो मे भक्त्या प्रयच्छति।
तदहं भक्त्युपहृतमश्नामि प्रयतात्मनः॥ 26॥

दोहा—

शुद्ध बुद्धि निष्काम जो, पुष्प नीर फल पात।
प्रेम पूर्ण अर्पण मुझे, सगुण प्रकट में खात॥

~•~

यत्करोषि यदश्नासि यज्जुहोषि ददासि यत्।
यत्तपस्यसि कौन्तेय तत्कुरुष्व मदर्पणम्॥ 27॥

दोहा—

दान हवन तप कर्म जो, करे भले कुछ खाय।
अर्जुन कर अर्पण मुझे, बह सब जो कर पाय॥

~•~

शुभाशुभफलैरेवं मोक्ष्यसे कर्मबन्धनैः।
संन्यासयोगयुक्तात्मा विमुक्तो मामुपैष्यसि॥ 28॥

दोहा—

पूर्ण कर्म अर्पित करे, योग संन्यास आय।
कर्म बंध शुभ अशुभ फल, मुक्त मुझी को पाय॥

~•~

समोऽहं सर्वभूतेषु न मे द्वेष्योऽस्ति न प्रियः।
ये भजन्ति तु मां भक्त्या मयि ते तेषु चाप्यहम्॥ 29॥

दोहा—

भूत मुझे नहिं प्रिय अप्रिय, व्यापा सर्व समान।
वे मुझ में भज प्रेम से, मैं प्रत्यक्ष उन आन॥

~•~

अपि चेत्सुदुराचारो भजते मामनन्यभाक्।
साधुरेव स मन्तव्यः सम्यग्व्यवसितो हि सः॥ 30॥

दोहा—

बने दुराचारी भगत, अनन्य भावी साथ।
मुझ भज साधु योग्य हो, ईश भजन बस नाथ॥

~•~

क्षिप्रं भवति धर्मात्मा शश्वच्छान्तिं निगच्छति।
कौन्तेय प्रतिजानीहि न मे भक्तः प्रणश्यति॥ 31॥

दोहा—

शीघ्र होय धर्मात्मा, शांति स्थायी पाय।
नष्ट भगत मेरा न हो, अर्जुन! सत्य बताय॥

~•~

मां हि पार्थ व्यपाश्रित्य येऽपि स्युः पापयोनयः।
स्त्रियो वैश्यास्तथा शूद्रास्तेऽपि यान्ति परां गतिम्॥ 32॥

दोहा—

अर्जुन होय वो वैश्य, स्त्री शूद्र चांडाल।
जो भी मेरी शरण हो, पाय परम गति हाल॥

~•~

किं पुनर्ब्राह्मणाः पुण्या भक्ता राजर्षयस्तथा।
अनित्यमसुखं लोकमिमं प्राप्य भजस्व माम्॥ 33॥

दोहा—

पुण्य शील ब्राह्मण तथा, भगत राजर्षि होय।
शरण आय गति परम पा, नश्वर तन भज मोय॥

~•~

मन्मना भव मद्भक्तो मद्याजी मां नमस्कुरु।
मामेवैष्यसि युक्त्वैवमात्मानं मत्परायणः॥ 34॥

दोहा—

मन मुझ में रम भगत बन, मझको पूज प्रणाम।
मुझमें नियुक्त आत्मा, पाय परायण माम॥

ॐ

॥ इति नवम अध्याय॥

□

॥ श्री शारदायै नमः ॥

अथ दशम अध्याय

विभूतियोग

(श्लोक 42)

इस अध्याय में प्रधानतः भगवान् की विभूतियों का वर्णन है। इसलिए इस अध्याय का नाम विभूतियोग रखा गया है।

इस अध्याय के प्रथम श्लोक में भगवान् ने पुनः परम श्रेष्ठ उपदेश प्रदान करने की प्रतिज्ञा करके उसे सुनाने के लिए अर्जुन से कहा।

अपनी विभूतियों की दिव्यता को बिस्तार से बतलाया। यह सब चालीस श्लोकों में किया। तदनंतर इकतालीसवें और बयालीसवें श्लोकों में योग शब्द वाच्य अपने प्रभाव का वर्णन करके अध्याय का उपसंहार किया है।

सातवें और नवें अध्याय तक विज्ञान सहित ज्ञान का जो वर्णन किया गया, उसके बहुत गंभीर हो जाने के कारण अब पुनः उसी विषय को दूसरे ढंग से समझने के लिए दसवें अध्याय का आरंभ किया जाता है। यहाँ प्रथम श्लोक में भगवान् पूर्वोक्त विषय का ही पुनः वर्णन करने की प्रतिज्ञा करते हैं—यहीं से दसवाँ अध्याय आरंभ होता है।

• **श्री कृष्ण उवाच—**

भूय एव महाबाहो श्रृणु मे परमं वचः।
यत्तेऽहं प्रीयमाणाय वक्ष्यामि हितकाम्यया॥ 1॥

दोहा—

महाबाहो! रहस्यसुन, परम वचन फिर सार।
हित इच्छा से मैं कहूँ, तेरा प्रेम अपार॥

~•~

न मे विदुः सुरगणाः प्रभवं न महर्षयः।
अहमादिर्हि देवानां महर्षीणां च सर्वशः॥ 2॥

दोहा—

'स्व' लीला से प्रकट मैं, देव महर्षि न ज्ञात।
कारण उनका आदि हूँ, मूल यही है बात॥

~•~

यो मामजमनादिं च वेत्ति लोकमहेश्वरम्।
असम्मूढः स मर्त्येषु सर्वपापैः प्रमुच्यते॥ 3॥

दोहा—

आदि अजन्मा ईश को, ज्ञानी जानन हार।
तत्त्व सहित जाने मनुज, पाप मुक्त हो सार॥

~•~

बुद्धिर्ज्ञानमसंमोहः क्षमा सत्यं दमः शमः।
सुखं दुःखं भवोऽभावो भयं चाभयमेव च॥ 4॥

दोहा—

ज्ञान शक्ति निश्चय क्षमा, सत्य अहिंसा जान।
सुख दुख उत्पत्ति, प्रलय, दान अभय भय मान॥

~•~

अहिंसा समता तुष्टिस्तपो दानं यशोऽयशः।
भवन्ति भावा भूतानां मत्त एव पृथग्विधाः॥ 5॥

दोहा—

साथ कीर्ति अपकीर्ति अरु, तप समता संतोष।
असम्मोहता भाव बहु, प्राणि मुझी में कोष॥

~•~

महर्षयः सप्त पूर्वे चत्वारो मनवस्तथा।
मद्भावा मानसा जाता येषां लोक इमाः प्रजाः॥ 6॥

दोहा—

सात महर्षि चौदह मनु, पूर्व चार सनकादि।
उपजें सब संकल्प मम, जिनकी जगत् प्रजादि॥

~•~

एतां विभूतिं योगं च मम यो वेत्ति तत्त्वतः।
सोऽविकम्पेन योगेन युज्यते नात्र संशयः॥ 7॥

दोहा—

योग शक्ति को तत्त्व से, विभूति मेरी जान।
योग युक्त निश्चल भक्ति, होकर भ्रम मत मान॥

~•~

अहं सर्वस्य प्रभवो मत्तः सर्वं प्रवर्तते।
इति मत्वा भजन्ते मां बुधा भावसमन्विताः॥ 8॥

दोहा—

जगत् उत्पत्ति हेतु मैं, वासुदेव ही नाम।
मुझसे जग कर चेष्टा, ज्ञानी नित भज माम॥

~•~

मच्चित्ता मद्गतप्राणा बोधयन्तः परस्परम्।
कथयन्तश्च मां नित्यं तुष्यन्ति च रमन्ति च॥ 9॥

दोहा—

मन मुझ में नित वे लगा, अर्पित करते प्राण।
चर्चारत गुण गान मुझ, तुष्ट रमण कल्याण॥

~•~

तेषां सततयुक्तानां भजतां प्रीतिपूर्वकम्।
ददामि बुद्धियोगं तं येन मामुपयान्ति ते॥ 10॥

दोहा—

सतत प्रेम युत ध्यान में, उन भक्तों को जान।
बुद्धि योग देता उन्हें, जिससे मम पा मान॥

~•~

तेषामेवानुकम्पार्थमहमज्ञानजं तमः।
नाशयाम्यात्मभावस्थो ज्ञानदीपेन भास्वता॥ 11॥

दोहा—

करूँ अनुग्रह उन्हीं पर, अंतःकरण प्रकाश।
तत्त्व ज्ञान दीपक जला, तम अज्ञान विनाश॥

~•~

• **अर्जुन उवाच—**

परं ब्रह्म परं धाम पवित्रं परमं भवान्।
पुरुषं शाश्वतं दिव्यमादिदेवमजं विभुम्॥ 12॥

दोहा—

आप ब्रह्म परमात्मन्, परम पवित्र हैं धाम।
दिव्य पुरुष ऋषि सनातन, कहें अधिदेव नाम॥

~•~

आहुस्त्वामृषयः सर्वे देवर्षिर्नारदस्तथा।
असितो देवलो व्यासः स्वयं चैव ब्रवीषि मे॥ 13॥

दोहा—

ऋषि नारद देवल असित, महर्षि व्यास बतायँ।
स्वयं अजन्मा आप कह, सब में व्याप सुनायँ॥

~•~

सर्वमेतदृतं मन्ये यन्मां वदसि केशव।
न हि ते भगवन् व्यक्तिं विदुर्देवा न दानवाः॥ 14॥

दोहा—

केशव! कहते आप जो, सत्य रहा सब मान।
भगवन! लीला रूप को, देव न दानव जान॥

~•~

स्वयमेवात्मनाऽत्मानं वेत्थ त्वं पुरुषोत्तम।
भूतभावन भूतेश देवदेव जगत्पते॥ 15॥

दोहा—

भूत जनक भूतेश हो, हे देवों के देव।
जग स्वामी पुरुषोत्तम! 'स्व' जानों स्वयमेव॥

~•~

वक्तुमर्हस्यशेषेण दिव्या ह्यात्मविभूतयः।
याभिर्विभूतिभिर्लोकानिमांस्त्वं व्याप्य तिष्ठसि॥ 16॥

दोहा—

अपनी दिव्य विभूतियाँ, पूर्ण समर्थ सुनायँ।
व्याप्त लोकों को करें, स्थित आप हैं पायँ॥

~•~

कथं विद्यामहं योगिंस्त्वां सदा परिचिन्तयन्।
केषु केषु च भावेषु चिन्त्योऽसि भगवन्मया॥ 17॥

दोहा—

किस प्रकार योगेश्वर! किस विधि जानूँ आप।
किन भावों चिंतन मनन, करूँ मिटे प्रभु ताप॥

~•~

विस्तरेणात्मनो योगं विभूतिं च जनार्दन।
भूयः कथय तृप्तिर्हि शृण्वतो नास्ति मेऽमृतम्॥ 18॥

दोहा—

योग शक्ति विभूति कहें, जनार्दन! सविस्तार।
अमृतमय सुनकर वचन, मुझे तृप्ति नहिं सार॥

~•~

हन्त ते कथयिष्यामि दिव्या ह्यात्मविभूतयः।
प्राधान्यतः कुरुश्रेष्ठ नास्त्यन्तो विस्तरस्य मे॥ 19॥

दोहा—

मेरी दिव्य विभूतियाँ, तुझ से कहूँ प्रधान।
कुरुश्रेष्ठ विस्तार को, अंत हीन ही जान॥

~•~

• श्री कृष्ण उवाच—

अहमात्मा गुडाकेश सर्वभूताशयस्थितः।
अहमादिश्च मध्यं च भूतानामन्त एव च॥ 20॥

दोहा—

सब भूतों के हृदय में, स्थित आत्मा जान।
आदि मध्य मैं अंत हूँ, सब भूतों का मान॥

~•~

आदित्यानामहं विष्णुर्ज्योतिषां रविरंशुमान्।
मरीचिर्मरुतामस्मि नक्षत्राणामहं शशी॥ 21॥

दोहा—

अदिति के बारह पुत्रगण, मुझे विष्णु तू मान।
किरण ज्योतियों में प्रमुख, सूर्य मुझे तू जान॥ अ॥
वायु देव उनचास का, तेज मुझे ही मान।
नक्षत्रों का अधिपति, चंद्र मुझी को जान॥ ब॥

~•~

वेदानां सामवेदोऽस्मि देवानामस्मि वासवः।
इन्द्रियाणां मनश्चास्मि भूतानामस्मि चेतना॥ 22॥

दोहा—

मैं वेदों में साम हूँ, इंद्र देव गण जान।
सर्व इंद्रियों मन मुझे, भूत चेतना मान॥

~•~

रुद्राणां शङ्करश्चास्मि वित्तेशो यक्षरक्षसाम्।
वसूनां पावकश्चास्मि मेरुः शिखरिणामहम्॥ 23॥

दोहा—

रुद्रों में मुझे शिव समझ, राक्षस यक्षों कुबेर।
पावक वसुयों में मुझे, पर्वत शिखर सुमेर॥

~•~

पुरोधसां च मुख्यं मां विद्धि पार्थ बृहस्पतिम्।
सेनानीनामहं स्कन्दः सरसामस्मि सागरः॥ 24॥

दोहा—

पुरोहितों में बृहस्पति, मुखिया मुझ को मान।
सेनापति स्कंद मुझे, सिंधु जलाशय जान॥

~•~

महर्षीणां भृगुरहं गिरामस्म्येकमक्षरम्।
यज्ञानां जपयज्ञोऽस्मि स्थावराणां हिमालयः॥ 25॥

दोहा—

महर्षियों में भृगु मुझे, शब्द एक ओंकार।
यज्ञों में जप यज्ञ समझ, अडिग हिमालय सार॥

~•~

अश्वत्थः सर्ववृक्षाणां देवर्षीणां च नारदः।
गन्धर्वाणां चित्ररथः सिद्धानां कपिलो मुनिः॥ 26॥

दोहा—

वृक्षों में पीपल वृक्ष हूँ, ऋषियों नारद जान।
गंधर्वों में चित्ररथ, सिद्ध कपिल मुनि मान॥

~•~

उच्चैःश्रवसमश्वानां विद्धि माममृतोद्भवम्।
ऐरावतं गजेन्द्राणां नराणां च नराधिपम्॥ 27॥

दोहा—

अश्व उच्चैःश्रवा, अमृत गज ऐरावत जान।
तथा मनुष्यों में मुझे, तू राजा ही मान॥

~•~

आयुधानामहं वज्रं धेनूनामस्मि कामधुक्।
प्रजनश्चास्मि कन्दर्पः सर्पाणामस्मि वासुकिः॥ 28॥

दोहा—

मैं शस्त्रों में वज्र तथा कामधेनु हूँ गाय।
सर्वराज वासुकि मुझे, काम उत्पत्ति पाय॥

~•~

अनन्तश्चास्मि नागानां वरुणो यादसामहम्।
पितॄणामर्यमा चास्मि यमः संयमतामहम्॥ 29॥

दोहा—

मैं नागों में शेष हूँ, वरुण जलचरों काज।
मैं पितरों में अर्यमा, शासन में यमराज॥

~•~

प्रह्लादश्चास्मि दैत्यानां कालः कलयतामहम्।
मृगाणां च मृगेन्द्रोऽहं वैनतेयश्च पक्षिणाम्॥ 30॥

दोहा—

दैत्य मणि प्रह्लाद मैं, पशुओं सिंह समान।
मैं गणना में समय हूँ, पक्षी गरुढ़ मैं जान॥

~•~

पवनः पवतामस्मि रामः शस्त्रभृतामहम्।
झषाणां मकरश्चास्मि स्रोतसामस्मि जाह्नवी॥ 31॥

दोहा—

वायु पवित्र कारक मुझे, शस्त्र धारियों राम।
जान मछलियों में मगर, नदियों गंगा नाम॥

~•~

सर्गाणामादिरन्तश्च मध्यं चैवाहमर्जुन।
अध्यात्मविद्या विद्यानां वादः प्रवदतामहम्॥ 32॥

दोहा—

आदि-अंत में सृष्टियों, मध्य मुझे ही मान।
विद्याओं में ब्रह्म विद्, वाद तत्त्व हूँ जान॥

~•~

अक्षराणामकारोऽस्मि द्वन्द्वः सामासिकस्य च।
अहमेवाक्षयः कालो धाताऽहं विश्वतोमुखः॥ 33॥

दोहा—

द्वंद्व समासों में मुझे, अक्षर जाने अकार।
महाकाल हूँ काल का, मैं अक्षय हूँ सार॥ अ॥
मुखवालों में जान ले, मैं ही रूप विराट।
धारण पोषण मैं करूँ, सबका जान अकाट॥ ब॥

~•~

मृत्युः सर्वहरश्चाहमुद्भवश्च भविष्यताम्।
कीर्तिः श्रीर्वाक्च नारीणां स्मृतिर्मेधा धृतिः क्षमा॥ 34॥

दोहा—

श्री क्षमा धृति कीर्ति स्मृति, मेघा वाक महान।
सभी नष्ट कारक मुझे, जन्म मरण हूँ जान॥

~•~

बृहत्साम तथा साम्नां गायत्री च्छन्दसामहम्।
मासानां मार्गशीर्षोऽहमृतूनां कुसुमाकरः॥ 35॥

दोहा—

मैं छंदों में गायत्री, गेय श्रुति बृहत्साम।
मार्घ शीर्घ हूँ मास में, ऋतु बसंत मम नाम॥

~•~

द्यूतं छलयतामस्मि तेजस्तेजस्विनामहम्।
जयोऽस्मि व्यवसायोऽस्मि सत्त्वं सत्त्ववतामहम्॥ 36॥

दोहा—

जुआ विजय छल तेज मैं, पुरुषों प्रमुख प्रभाव।
निश्चय का निश्चय मुझे, सत् पुरु का सत् भाव॥

~•~

वृष्णीनां वासुदेवोऽस्मि पाण्डवानां धनंजयः।
मुनीनामप्यहं व्यासः कवीनामुशना कविः॥ 37॥

दोहा—

वृष्णि वंशियों में मुझे, वासुदेव ही मान।
पांडवों में धनंजय, मुझको ही तू जान॥
मुनियों में केवल समझ, वेद व्यास हूँ मान।
कवियों में बस तू मुझे, शुक्राचार्य कवि जान॥

~•~

दण्डो दमयतामस्मि नीतिरस्मि जिगीषताम्।
मौनं चैवास्मि गुह्यानां ज्ञानं ज्ञानवतामहम्॥ 38॥

दोहा—

दमन दंड की नीति हूँ, विजय नीति मैं जान।
गुप्त भाव मैं मौन हूँ, ज्ञानवान का ज्ञान॥

~•~

यच्चापि सर्वभूतानां बीजं तदहमर्जुन।
न तदस्ति विना यत्स्यान्मया भूतं चराचरम्॥ 39॥

दोहा—

सर्व भूत उत्पत्ति का, बीज मुझी को जान।
भूत चर-अचर मुझ रहित, अर्जुन कभी न मान॥

~•~

नान्तोऽस्ति मम दिव्यानां विभूतीनां परंतप।
एष तूद्देशतः प्रोक्तो विभूतेर्विस्तरो मया॥ 40॥

दोहा—

कहीं संक्षेप विभूतियाँ, अंतहीन बिस्तार।
तुझे सुनाया परंतप, दिव्य समझ कुछ सार॥

~•~

इसलिए हे अर्जुन—

यद्यद्विभूतिमत्सत्त्वं श्रीमदूर्जितमेव वा।
तत्तदेवावगच्छ त्वं मम तेजोंऽशसंभवम्॥ 41॥

दोहा—

कांति शक्ति ऐश्वर्य, जो जो युक्त दिखाय।
हर विभूति युत वस्तु में, तेज अंश मुझ पाय॥

~•~

अथवा बहुनैतेन किं ज्ञातेन तवार्जुन।
विष्टभ्याहमिदं कृत्स्नमेकांशेन स्थितो जगत्॥ 42॥

दोहा—

अथवा अर्जुन जान अति, कौन प्रयोजन पात्र ?
मैं स्थित हूँ सृष्टि यह, एक अंश मम मात्र॥

ॐ

॥ इति दशम अध्याय॥

□

॥ श्री शारदायै नमः ॥

अथ एकादश अध्याय

विश्वरूप दर्शन योग

(श्लोक 55)

इस अध्याय में अर्जुन के प्रार्थना करने पर भगवान् ने उनको अपने विश्वरूप दर्शन करवाए हैं। अध्याय के अधिकांश भाग में केवल विश्वरूप का और उसके स्तवन का ही प्रकरण है। तभी इस अध्याय का नाम 'विश्वरूपदर्शन योग' रखा गया है।

दसवें अध्याय के सातवें श्लोक तक भगवान् ने अपनी विभूति तथा योग शक्ति का और उनके जानने के माहात्म्य को संक्षेप में वर्णन करके ग्यारहवें श्लोक तक भक्ति योग और उसके फल का निरूपण किया। बारहवें से अठारहवें श्लोक तक अर्जुन ने भगवान् की स्तुति करके उनसे दिव्य विभूतियों का और योग शक्ति का विस्तृत वर्णन करने के लिए प्रार्थना की। तब भगवान् ने चालीसवें श्लोक तक अपनी विभूतियों का वर्णन समाप्त करके अंत में योग शक्ति का प्रभाव बतलाते हुए संपूर्ण ब्रह्मांड को अपने एक लघु अंश में धारण किया हुआ कहकर उपसंहार किया। इस प्रसंग को सुनकर अर्जुन के मन में उस महान् स्वरूप को प्रत्यक्ष देखने की इच्छा जाग्रत् हो गई।

इसलिए इस ग्यारवें अध्याय के प्रथम चार श्लोकों में भगवान् की और उनके उपदेश की प्रशंसा करते हुए अर्जुन उनसे विश्वरूप के दर्शन कराने के लिए प्रार्थना करता है।

• अर्जुन उवाच—

मदनुग्रहाय परमं गुह्यमध्यात्मसंज्ञितम्।
यत्त्वयोक्तं वचस्तेन मोहोऽयं विगतो मम॥ 1॥

दोहा—

गुप्त वचन आध्यात्मिक, कहें कृपा की मान।
सुन मुझ पर अनुग्रह हुआ, नष्ट मोह अज्ञान॥

~•~

भवाप्ययौ हि भूतानां श्रुतौ विस्तरशो मया।
त्वत्तः कमलपत्राक्ष माहात्म्यमपि चाव्ययम्॥ 2॥

दोहा—

कमलनयनमहिमासुनी, आदि-प्रलयबिस्तार।
भूतों की उत्पत्ति भी, अक्षर महिमा सार॥

~•~

एवमेतद्यथात्थ त्वमात्मानं परमेश्वर।
द्रष्टुमिच्छामि ते रूपमैश्वरं पुरुषोत्तम॥ 3॥

दोहा—

आप कहें जस आपको, जस के तसी अनूप।
ऐश्वर्य बल आपका, इच्छुक देखूँ रूप॥

~•~

मन्यसे यदि तच्छक्यं मया द्रष्टुमिति प्रभो।
योगेश्वर ततो मे त्वं दर्शयाऽत्मानमव्ययम्॥ 4॥

दोहा—

प्रभो! रूप वह आपका, मुझे शक्य यदि पायँ।
अविनाशी! योगेश्वर, अक्षर रूप दिखायँ॥

~•~

• श्री भगवान उवाच—

पश्य मे पार्थ रूपाणि शतशोऽथ सहस्रशः।
नानाविधानि दिव्यानि नानावर्णाकृतीनि च॥ 5॥

दोहा—

पार्थ! अलौकिक सैकड़ों, रूप हजारों लेख।
नाना वर्ण आकृतियाँ, अब मेरी तू देख॥

~•~

पश्यादित्यान्वसून्रुद्रानश्विनौ मरुतस्तथा।
बहून्यदृष्टपूर्वाणि पश्याऽश्चर्याणि भारत॥ 6॥

दोहा—

अदिति के बारह पुत्रगण, ग्यारह रुद्र का सार।
देख मरुद्रणों उनचास, दो अश्विनी कुमार॥ अ॥
देख न पाया पूर्व में, देख अनगिनत रूप।
आश्चर्य मय देख तू, अनगिन रूप अनूप॥ ब॥

~•~

इहैकस्थं जगत्कृत्स्नं पश्याद्य सचराचरम्।
मम देहे गुडाकेश यच्चान्यद्द्रष्टुमिच्छसि॥ 7॥

दोहा—

अर्जुन! मेरी देह में, पूर्ण जगत् तू लेख।
एक जगह सब चरअचर, जो इच्छा वो देख॥

~•~

न तु मां शक्यसे द्रष्टुमनेनैव स्वचक्षुषा।
दिव्यं ददामि ते चक्षुः पश्य मे योगमैश्वरम्॥ 8॥

दोहा—

प्राकृत नेत्र समर्थ नहिं, तकें ईश बल सार।
अतः दिव्य चक्षु दूँ तुझे, मेरी शक्ति निहार॥

~•~

• **संजय उवाच—**

एवमुक्त्वा ततो राजन्महायोगेश्वरो हरिः।
दर्शयामास पार्थाय परमं रूपमैश्वरम्॥ 9॥

दोहा—

नृपति! महायोगेश्वर, अस कह पार्थ बतायँ।
ऐश्वर्य युत दिव्य हरि, परम सरूप दिखायँ॥9॥

~•~

अनेकवक्त्रनयनमनेकाद्भुतदर्शनम्।
अनेकदिव्याभरणं दिव्यानेकोद्यतायुधम्॥ 10॥

दोहा—

मुख अनेक नेत्रों सहित, शस्त्र सुशोभित हाथ।
दिव्याभूषण वस्त्र भी, कंठमाल है नाथ॥

~•~

दिव्यमाल्याम्बरधरं दिव्यगन्धानुलेपनम्।
सर्वाश्चर्यमयं देवमनन्तं विश्वतोमुखम्॥ 11॥

दोहा—

दिव्य गंध तन लेप से, मुख देखे हर ओर।
रूप असीम विराट् तक, अर्जुन अचरज घोर॥

~•~

दिवि सूर्यसहस्रस्य भवेद्युगपदुत्थिता।
यदि भाः सदृशी सा स्याद्भासस्तस्य महात्मनः॥ 12॥

दोहा—

एक साथ आकाश में, सूरज उदित हजार।
विश्वरूप प्रकाश दिखे, अधिक कदाचित सार॥

~•~

तत्रैकस्थं जगत्कृत्स्नं प्रविभक्तमनेकधा।
अपश्यद्देवदेवस्य शरीरे पाण्डवस्तदा॥ 13॥

दोहा—

उसी समय अर्जुन तके, सब जग कई प्रकार।
एक जगह तन कृष्ण में, देखे पाय न पार॥

~•~

ततः स विस्मयाविष्टो हृष्टरोमा धनञ्जयः।
प्रणम्य शिरसा देवं कृताञ्जलिरभाषत॥ 14॥

दोहा—

अर्जुन तन पुकलित हुआ, श्रद्धायुत मन थाम।
नत मस्तक कर बद्ध हो, बोला, 'देव प्रणाम'॥

~•~

• **अर्जुन बोले—**

पश्यामि देवांस्तव देव देहे सर्वांस्तथा भूतविशेषसङ्घान्।
ब्रह्माणमीशं कमलासनस्थ मृषींश्च सर्वानुरगांश्च दिव्यान्॥ 15॥

दोहा—

देव! तकूँ तन आपके, देव भूत समुदाय।
ऋषिगण ब्रह्मा कमल पर, दिव्य सर्प शिव भाय॥

~•~

अनेकबाहूदरवक्रनेत्रं
पश्यामि त्वां सर्वतोऽनन्तरूपम्।
नान्तं न मध्यं न पुनस्तवादिं
पश्यामि विश्वेश्वर विश्वरूप॥ 16॥

दोहा—

विश्वरूप! देखूँ कई, पेट भुजा मुख नेत्र।
आदि मध्य न अंत दिखे, रूप अपरिमित क्षेत्र॥

~•~

किरीटिनं गदिनं चक्रिणं च
तेजोराशिं सर्वतोदीप्तिमन्तम्।
पश्यामि त्वां दुर्निरीक्ष्यं समन्ता
द्दीप्तानलार्कद्युतिमप्रमेयम् ॥ 17 ॥

दोहा—

तेज पुंज प्रकाश जो, सभी ओर दिखलाय।
गदा मुकुट चक्र आपको अग्नि सूर्य सम पाय॥ अ॥
ज्योति कठिनता से दिखे, यह प्रकाश हर ओर।
स्वरूप दिखे अप्रमेय, शेष न कोई छोर॥ ब॥

~•~

त्वमक्षरं परमं वेदितव्यं
त्वमस्य विश्वस्य परं निधानम्।
त्वमव्ययः शाश्वतधर्मगोप्ता
सनातनस्त्वं पुरुषो मतो मे॥ 18 ॥

दोहा—

परम अक्षर पर ब्रह्म हो, आप जानने योग।
आप जगत् आश्रय परम, पुरुष सनातन जोग॥ अ॥
रक्षक धर्म अनादि के, मैं अविनाशी मान।
आप पुरुष परमात्मा, मेरा मत यह जान॥ ब॥

~•~

अनादिमध्यान्तमनन्तवीर्य मनन्तबाहुं शशिसूर्यनेत्रम्।
पश्यामि त्वां दीप्तहुताशवक्त्रम्स्व तेजसा विश्वमिदं तपन्तम्॥ 19 ॥

दोहा—

आदि-अंत तुम मध्य विन, शक्ति अनंत प्रधान।
नेत्र चंद्र रवि अग्नि मुख, तेज तप्त जग जान॥

~•~

द्यावापृथिव्योरिदमन्तरं हि
व्याप्तं त्वयैकेन दिशश्च सर्वाः।
दृष्ट्वाऽद्भुतं रूपमुग्रं तवेदं
लोकत्रयं प्रव्यथितं महात्मन्॥ 20॥

दोहा—

धरा स्वर्ग के मध्य नभ, पूर्ण दिशाएँ आप।
रूप भयंकर दिव्य तक, त्रिय लोकों संताप॥

~•~

अमी हि त्वां सुरसङ्घा विशन्ति
केचिद्भीताः प्राञ्जलयो गृणन्ति।
स्वस्तीत्युक्त्वा महर्षिसिद्धसङ्घाः
स्तुवन्ति त्वां स्तुतिभिः पुष्कलाभिः॥ 21॥

दोहा—

आप प्रवेशित देव भी, हाथ जोड़ भयभीत।
सिद्ध ऋषि कल्याण कहें, स्तोत्रों स्तुति गीत॥

~•~

रुद्रादित्या वसवो ये च साध्या
विश्वेऽश्विनौ मरुतश्चोष्मपाश्च।
गन्धर्वयक्षासुरसिद्धसङ्घा
वीक्षन्ते त्वां विस्मिताश्चैव सर्वे॥ 22॥

दोहा—

ग्यारह रुद्र फिर आठ वसु, दो अश्विनी कुमार।
मरुद्गण बारह अदिति सुत, पितर न पायँ पार॥ अ॥
विश्व यक्ष गंधर्व देव, सिद्ध असुर समुदाय।
साध्यगण तक आपको, बिस्मित समझ न पायँ॥ ब॥

~•~

रूपं महत्ते बहुवक्त्रनेत्रं
महाबाहो बहुबाहूरुपादम्।
बहूदरं बहुदंष्ट्राकरालं
दृष्ट्वा लोकाः प्रव्यथितास्तथाऽहम्॥ 23॥

दोहा—

कई नेत्र मुख जाँघ कर, उदर पाँव भी देख।
दाढ़ों से विकराल छवि, मैं व्याकुल सब लेख॥

~•~

नभःस्पृशं दीप्तमनेकवर्णं
व्यात्ताननं दीप्तविशालनेत्रम्।
दृष्ट्वा हि त्वां प्रव्यथितान्तरात्मा
धृतिं न विन्दामि शमं च विष्णो॥ 24॥

दोहा—

हे विष्णो! आकाश को, छूता दिखे शरीर।
दीप्त विशाल नेत्र तक, हृदय शांति न धीर॥ अ॥
आप दिव्य वर्णों कई, मुख फैलाए देख।
देख हृदय में आपको, व्याकुलता अति लेख॥ ब॥

~•~

दंष्ट्राकरालानि च ते मुखानि
दृष्ट्वैव कालानलसन्निभानि।
दिशो न जाने न लभे च शर्म
प्रसीद देवेश जगन्निवास॥ 25॥

दोहा—

दाढ़ों से विकराल हो, प्रलय अग्नि मुख देख।
जगन्निवास! प्रसन्न हों, दिशा भ्रमित दुख लेख॥

~•~

अमी च त्वां धृतराष्ट्रस्य पुत्राः
सर्वे सहैवावनिपालसङ्घैः।
भीष्मो द्रोणः सूतपुत्रस्तथाऽसौ
सहास्मदीयैरपि योधमुख्यैः॥ 26॥

दोहा—

धृतराष्ट्र सुत नृप कई, आप प्रवेशित जान।
कर्ण, द्रोण संग भीष्म, मम पक्ष कई प्रधान॥

~•~

वक्त्राणि ते त्वरमाणा विशन्ति
दंष्ट्राकरालानि भयानकानि।
केचिद्विलग्ना दशनान्तरेषु
संदृश्यन्ते चूर्णितैरुत्तमाङ्गैः॥ 27॥

दोहा—

दौड़-दौड़ मुँह में घुसें, दाढ़ों से विकराल।
दंत मध्य है सिर सहित, कई चूर्ण भय हाल॥

~•~

यथा नदीनां बहवोऽम्बुवेगाः
समुद्रमेवाभिमुखा द्रवन्ति।
तथा तवामी नरलोकवीरा
विशन्ति वक्त्राण्यभिविज्वलन्ति॥ 28॥

दोहा—

नीर बहुत ले वेग से,
नदियाँ सिंधु समायँ।
अग्नि मुखों त्यों आपके,
वीर दौड़ धँस जायँ॥

~•~

यथा प्रदीप्तं ज्वलनं पतङ्गा
विशन्ति नाशाय समृद्धवेगाः।
तथैव नाशाय विशन्ति लोका
स्तवापि वक्राणि समृद्धवेगाः॥ 29॥

दोहा—

ज्यों पंतग अति मोह में, दौड़ें अग्नि समायँ।
लोग स्वयं के नाश त्यों, मुखों आपके जायँ॥

~•~

लेलिह्यसे ग्रसमानः समन्ता
ल्लोकान्समग्रान्वदनैर्ज्वलद्भिः।
तेजोभिरापूर्य जगत्समग्रं
भासस्तवोग्राः प्रतपन्ति विष्णो॥ 30॥

दोहा—

सब लोकों को अग्नि मुख, ग्रास, चाट हर ओर।
विष्णो! उग्र प्रकाश से, जगत् तपे हर छोर॥

~•~

आख्याहि मे को भवानुग्ररूपो
नमोऽस्तु ते देववर प्रसीद।
विज्ञातुमिच्छामि भवन्तमाद्यं
न हि प्रजानामि तव प्रवृत्तिम्॥ 31॥

दोहा—

नमस्कार हे आदि पुरु, हों प्रसन्न तुम कौन।
उग्र रूप न प्रवृत्ति ज्ञात, इच्छुक हूँ कह मौन॥

~•~

• **श्री भगवान् उवाच—**

कालोऽस्मि लोकक्षयकृत्प्रवृद्धो
लोकान्समाहर्तुमिह प्रवृत्तः।
ऋतेऽपि त्वां न भविष्यन्ति सर्वे
येऽवस्थिताः प्रत्यनीकेषु योधाः॥ 32॥

दोहा—

उद्यत लोक संहार मैं, वीर प्रति पक्षी हाल।
युद्ध करे तू या नहीं, नष्ट सभी हूँ काल॥

~•~

तस्मात्त्वमुत्तिष्ठ यशो लभस्व
जित्वा शत्रून् भुङ्क्ष्व
राज्यं समृद्धम्।
मयैवैते निहताः पूर्वमेव
निमित्तमात्रं भव सव्यसाचिन्॥ 33॥

दोहा—

तू उठ! यश पा जीत रिपु, राज भोग कर पात्र।
मैंने मारे पूर्व सब, तू निमित्त बन मात्र॥

~•~

द्रोणं च भीष्मं च जयद्रथं च
कर्णं तथाऽन्यानपि योधवीरान्।
मया हतांस्त्वं जहि मा व्यथिष्ठा
युध्यस्व जेतासि रणे सपत्नान्॥ 34॥

दोहा—

भीष्म कर्ण द्रोण वीर, जयद्रथ जैसे मीत।
मैंने मारे मार तू, अभय युद्ध कर जीत॥

~•~

• तब संजय बोले—

एतच्छ्रुत्वा वचनं केशवस्य
कृताञ्जलिर्वेपमानः किरीटी।
नमस्कृत्वा भूय एवाह कृष्णं
सगद्गदं भीतभीतः प्रणम्य॥ 35॥

दोहा—

सुन केशव के वचन कँप, अर्जुन जोड़े हाथ।
नमस्कार प्रणाम करे, भय गद्गद कह नाथ॥

~•~

• अर्जुन उवाच—

स्थाने हृषीकेश तव प्रकीर्त्या जगत् प्रहृष्यत्यनुरज्यते च।
रक्षांसि भीतानि दिशो द्रवन्ति सर्वे नमस्यन्ति च सिद्धसङ्घाः॥ 36॥

दोहा—

अंतर्यामिन! योग यह, होय नाम गुण जाप।
अति हर्षित सारा जगत् देख प्रभाव प्रताप॥ अ॥
कीर्तन प्राप्त अनुराग, यही दिख रहा सार।
असुर हर दिशा में भगें, सिद्ध झुक नमस्कार॥ ब॥

~•~

कस्माच्च ते न नमेरन्महात्मन्
गरीयसे ब्रह्मणोऽप्यादिकर्त्रे।
अनन्त देवेश जगन्निवास
त्वमक्षरं सदसत्तत्परं यत्॥ 37॥

दोहा—

हे अनंत! देवेश है, अक्षर ब्रह्म हैं आप।
आप सत् असत् से परे, जगन्निवास प्रताप॥ अ॥
ब्रह्मा के कर्ता प्रथम, सर्वोच्च करतार।
महात्मन् फिर आपको, कैसे न नमस्कार॥ ब॥

~•~

त्वमादिदेवः पुरुषः पुराण
स्त्वमस्य विश्वस्य परं निधानम्।
वेत्तासि वेद्यं च परं च धाम
त्वया ततं विश्वमनन्तरूप॥ 38॥

दोहा—

आप अधिदेव सनातन, आश्रय जगत् प्रधान।
परम धाम आप विज्ञ हैं, व्याप पूर्ण जग जान॥

~•~

वायुर्यमोऽग्निर्वरुणः शशाङ्कः
प्रजापतिस्त्वं प्रपितामहश्च।
नमो नमस्तेऽस्तु सहस्रकृत्वः
पुनश्च भूयोऽपि नमो नमस्ते॥ 39॥

दोहा—

वायु अग्नि यम शशि वरुण ब्रह्मा सृष्टि सार।
आप स्वयं ब्रह्मा पिता, कोटिशः नमस्कार॥

~•~

नमः पुरस्तादथ पृष्ठतस्ते
नमोऽस्तु ते सर्वत एव सर्व।
अनन्तवीर्यामितविक्रमस्त्वं
सर्वं समाप्नोषि ततोऽसि सर्वः॥ 40॥

दोहा—

हे अनंत! परमात्मन, जगत् आप में व्याप।
नमस्कार सब ओर से, सर्व रूप हैं आप॥

~•~

सखेति मत्वा प्रसभं यदुक्तं हे कृष्ण हे यादव हे सखेति।
अजानता महिमानं तवेदं मया प्रमादात्प्रणयेन वापि॥ 41॥

दोहा—

समझ आप मेरे सखा, रहा प्रभाव न ज्ञात।
हे यादव! हे कृष्ण मैं, जो कुछ किया हठात्॥

~•~

यच्चावहासार्थमसत्कृतोऽसि विहारशय्यासनभोजनेषु।
एकोऽथवाप्यच्यु त तत्समक्षं तत्क्षामये त्वामहमप्रमेयम्॥ 42॥

दोहा—

हे अच्युत! मैंने किया, कई बार अपमान।
आसन, भोज बिहार में, विनोद समय न ध्यान॥ अ॥
कभी सखाओं सामने, कभी अकेला मान।
सब अपराध क्षमा करें, प्रभो! प्रभाव न जान॥ ब॥

~•~

पितासि लोकस्य चराचरस्य त्वमस्य पूज्यश्च गुरुर्गरीयान्।
न त्वत्समोऽस्त्यभ्यधिकः कुतोऽन्योलोकत्रयेऽप्यप्रतिमप्रभाव॥ 43॥

दोहा—

आप चराचर जग पिता, गुरु पूजनीय आप।
तीन लोक में आप सा, नहीं प्रभाव प्रताप॥

~•~

तस्मात्प्रणम्य प्रणिधाय कायं प्रसादये त्वामहमीशमीड्यम्।
पितेव पुत्रस्य सखेव सख्युः प्रियः प्रियायार्हसि देव सोढुम्॥ 44॥

दोहा—

अतः प्रसन्न अब हो प्रभु, करता दंड प्रणाम।
पिता, पति या मित्र सम, क्षमा त्रुटियाँ श्याम॥

~•~

अदृष्टपूर्वं हृषितोऽस्मि दृष्ट्वा भयेन च प्रव्यथितं मनो मे।
तदेव मे दर्शय देव रूपं प्रसीद देवेश जगन्निवास॥ 45॥

दोहा—

पूर्व न देखा रूप यह, हर्षित मन भय व्याप।
जगन्निवास! प्रसन्न हों, दिखें चतुर्भुज आप॥

~•~

किरीटिनं गदिनं चक्रहस्त मिच्छामि त्वां द्रष्टुमहं तथैव।
तेनैव रूपेण चतुर्भुजेन सहस्रबाहो भव विश्वमूर्ते॥ 46॥

दोहा—

आप मुकुट धारण किए, गदा चक्र लिये हाथ।
रूप चतुर्भुज मैं तकूँ, विश्व रूप हे नाथ॥

~•~

• **श्री भगवान उवाच—**

मया प्रसन्नेन तवार्जुनेदंरूपं परं दर्शितमात्मयोगात्।
तेजोमयं विश्वमनन्तमाद्यं यन्मे त्वदन्येन न दृष्टपूर्वम्॥ 47॥

दोहा—

हे पार्थ, अनुग्रहपूर्वक, यह तेजोमय रूप।
अन्य न देखा तुझ सिवा, पूर्व विराट् अनूप॥

~•~

न वेदयज्ञाध्ययनैर्न दानैर्न च क्रियाभिर्न तपोभिरुग्रैः।
एवंरूपः शक्य अहं नृलोके द्रष्टुं त्वदन्येन कुरुप्रवीर॥ 48॥

दोहा—

विश्व रूप इहि लोक नहिं, वेद ज्ञान तप दान।
अर्जुन, यह तेरे सिवा, अन्य न देखा जान॥

~•~

मा ते व्यथा मा च विमूढभावोदृष्ट्वा रूपं घोरमीदृङ्ममेदम्।
व्यपेतभीः प्रीतमनाः पुनस्त्वंतदेव मे रूपमिदं प्रपश्य॥ 49॥

दोहा—

मूढ़ भाव व्याकुल न भय, रूप देख विकराल।
रूप देख अब प्रीति मन, चतुर्भुर्जी छवि ढाल॥

~•~

• **संजय उवाच—**

इत्यर्जुनं वासुदेवस्तथोक्त्वा स्वकं रूपं दर्शयामास भूयः।
आश्वासयामास च भीतमेनंभूत्वा पुनः सौम्यवपुर्महात्मा॥ 50॥

दोहा—

वही रूप तब चतुर्भुज, वासुदेव दिखलायँ।
सौम्य मूर्ति हुए कृष्ण, अर्जुन धीर धरायँ॥

~•~

• **श्री भगवान उवाच—**

दृष्ट्वेदं मानुषं रूपं तवसौम्यं जनार्दन।
इदानीमस्मि संवृत्तः सचेताः प्रकृतिं गतः॥ 51॥

दोहा—

सौम्य रूप तक जनार्दन! चित्त स्थिरता पाय।
मनुज रूप अब देख के, स्वाभाविकता आय॥

~•~

सुदुर्दर्शमिदं रूपं दृष्टवानसि यन्मम।
देवा अप्यस्य रूपस्य नित्यं दर्शनकाङ्क्षिणः॥ 52॥

दोहा—

रूप चतुर्भुज जो तका, दर्शन दुर्लभ पायँ।
रूप दरश यह देवता, समझो नित्य ललायँ॥

~•~

नाहं वेदैर्न तपसा न दानेन न चेज्यया।
शक्य एवंविधो द्रष्टुं दृष्टवानसि मां यथा॥ 53॥

दोहा—

तुमने देखा चतुर्भुज, रूप कठिन दिख पाय।
वेद ज्ञान तप दान से, मुझे न देखा जाय॥

~•~

भक्त्या त्वनन्यया शक्यमहमेवंविधोऽर्जुन।
ज्ञातुं दृष्टुं च तत्त्वेन प्रवेष्टुं च परंतप॥ 54॥

दोहा—

अर्जुन! भक्ति अनन्य से, रूप चतुर्भुज लेख।
एकी भावी तत्त्व से, जान शक्य हूँ देख॥

~•~

मत्कर्मकृन्मत्परमो मद्भक्तः सङ्गवर्जितः।
निर्वैरः सर्वभूतेषु यः स मामेति पाण्डव॥ 55॥

दोहा—

कर्म कर्तव्य परायण, केवल मुझे कराय।
अनासक्त बिन बैर हो, पार्थ, मुझे वह पाय॥

ॐ

॥ इति एकादश अध्याय॥

□

॥ श्री शारदायै नमः ॥

अथ द्वादश अध्याय

भक्ति योग

(श्लोक 20)

इस बारहवें अध्याय में अनेक प्रकार के साधनों सहित भगवान् की भक्ति और उनके भक्तों के लक्षण बतलाए गए हैं। इसका उपक्रम और उपसंहार भगवान् की भक्ति में ही हुआ है। केवल तीन श्लोकों में ज्ञान के साधन का वर्णन है। वह भी भगवद्भक्ति और ज्ञानयोग की परस्पर तुलना करने के लिए ही है। अत: इस अध्याय का नाम भक्तियोग रखा गया है।

दूसरे अध्याय से लेकर छठे अध्याय तक भगवान् ने स्थान-स्थान पर निर्गुण ब्रह्म की और सगुण साकार परमेश्वर की उपासना की प्रशंसा की है। सातवें से ग्यारहवें अध्याय तक तो विशेष रूप से सगुण साकार भगवान् की उपासना का महत्त्व दिखलाया है। ग्यारहवें अध्याय के अंत में सगुण साकार भगवान् की अनन्य भक्ति का फल, भगवत् प्राप्ति बतलाकर 'मत्कर्मकृत' से सगुण साकार स्वरूप भगवान् के भक्त की अंत में बहुत बढ़ाई की।

अर्जुन के मन में जिज्ञासा हुई कि निर्गुण निराकार ब्रह्म और सगुण साकार भगवान् की उपासना करनेवाले दोनों प्रकार के उपासकों में उत्तम उपासक कौन है ? इसी जिज्ञासा के वशीभूत होकर अर्जुन पूछ रहे हैं···

• **अर्जुन उवाच—**

एवं सततयुक्ता ये भक्तास्त्वां पर्युपासते।
ये चाप्यक्षरमव्यक्तं तेषां के योगवित्तमाः॥ 1॥

दोहा—

भगत पूर्व विधि ध्यान से, भजे सगुन साकार।
अक्षर ब्रह्म कोई भजे, निराकार करतार॥ अ॥
दोनों अनन्य प्रेम में, उत्तम ध्यान लगायँ।
श्रेष्ठ कौन उपसना, योग वेत्ता बतायँ॥ ब॥

~•~

• **श्री भगवान उवाच—**

मय्यावेश्य मनो ये मां नित्ययुक्ता उपासते।
श्रद्धया परयोपेतास्ते मे युक्ततमा मताः॥ 2॥

दोहा—

ध्यान मगन एकाग्र मन, अति श्रद्धामय कोय।
सगुन रूप मुझ को भजे, उत्तम योगी होय॥

~•~

ये त्वक्षरमनिर्देश्यमव्यक्तं पर्युपासते।
सर्वत्रगमचिन्त्यं च कूटस्थमचलं ध्रुवम्॥ 3॥

दोहा—

वश इंद्रिय समुदाय हो, बुद्धि परे करतार।
कण कण व्यापी रूप जो, एक रस निराकार॥

~•~

संनियम्येन्द्रियग्रामं सर्वत्र समबुद्धयः।
ते प्राप्नुवन्ति मामेव सर्वभूतहिते रताः॥ 4॥

दोहा—

एकीभाव भजे ब्रह्म, लगे निरंतर ध्यान।
समभावी रत भूत हित, मुझे पाय वो जान॥

~•~

क्लेशोऽधिकतरस्तेषामव्यक्तासक्तचेतसाम्।
अव्यक्ता हि गतिर्दुःखं देहवद्भिरवाप्यते॥ 5॥

दोहा—

निराकार आसक्त चित, अति श्रम साधन मान।
देह अहं अज्ञात विषय, दुख मय गति पा जान॥

~•~

ये तु सर्वाणि कर्माणि मयि संन्यस्य मत्पराः।
अनन्येनैव योगेन मां ध्यायन्त उपासते॥ 6॥

दोहा—

भगत परायण जो मुझे, अर्पित कर सब काम।
रूप सगुण मेरा सदा, भक्ति योग भज नाम॥

~•~

तेषामहं समुद्धर्ता मृत्युसंसारसागरात्।
भवामि नचिरात्पार्थ मय्यावेशितचेतसाम्॥ 7॥

दोहा—

अर्जुन! मुझमें चित्त जो, प्रेमी भगत लगाय।
भव सागर से शीघ्र ही, मुझे उद्धारक पाय॥

~•~

मय्येव मन आधत्स्व मयि बुद्धिं निवेशय।
निवसिष्यसि मय्येव अत ऊर्ध्वं न संशयः॥ 8॥

दोहा—

तू मन को मुझमें रमा, मुझमें बुद्धि लगाय।
संशय तज उपरांत तू, वास मुझी में पाय॥

~•~

अथ चित्तं समाधातुं न शक्नोषि मयि स्थिरम्।
अभ्यासयोगेन ततो मामिच्छाप्तुं धनञ्जय॥ 9॥

दोहा—

मुझमें मन स्थिर अचल, यदि समर्थ नहिं पाय।
मुझे योग अभ्यास से, पाना इच्छा भाय॥

~•~

अभ्यासेऽप्यसमर्थोऽसि मत्कर्मपरमो भव।
मदर्थमपि कर्माणि कुर्वन् सिद्धिमवाप्स्यसि॥ 10॥

दोहा—

असमर्थ रहे अभ्यास, कर्म परायण होय।
कर्म करे मेरे लिए, सिद्धि रूप पा मोय॥

~•~

अथैतदप्यशक्तोऽसि कर्तुं मद्योगमाश्रितः।
सर्वकर्मफलत्यागं ततः कुरु यतात्मवान्॥ 11॥

दोहा—

प्राप्ति रूप यदि योग की, शरण में मन न लाग।
मन बुद्धि को जीत ले, सर्व कर्म फल त्याग॥

~•~

श्रेयो हि ज्ञानमभ्यासाज्ज्ञानाद्ध्यानं विशिष्यते।
ध्यानात्कर्मफलत्यागस्त्यागाच्छान्तिरनन्तरम् ॥ 12॥

दोहा—

मर्म हीन अभ्यास से, श्रेष्ठ जानों ज्ञान।
उच्च ज्ञान से ध्यान मुझ, इससे आगे जान॥
सर्व कर्म फल त्याग दे, उच्च ध्यान से मान।
शांति पाए त्याग से, तत्क्षण ऐसा जान॥

~•~

अद्वेष्टा सर्वभूतानां मैत्रः करुण एव च।
निर्ममो निरहङ्कारः समदुःखसुखः क्षमी॥ 13॥

दोहा—

प्रेमी हो हर भूत का, स्वार्थ रहित दयाल।
क्षमाशील सम सुख-दुखों, अहं न ममता पाल॥

~•~

सन्तुष्टः सततं योगी यतात्मा दृढनिश्चयः।
मय्यर्पितमनोबुद्धिर्यो मद्भक्तः स मे प्रियः॥ 14॥

दोहा—

सदा तुष्ट योगी रहे, तन मन वश कर कोय।
मुझे समर्पित बुद्धि, मन, भगत परम प्रिय मोय॥ 14॥

~•~

यस्मान्नोद्विजते लोको लोकान्नोद्विजते च यः।
हर्षामर्षभयोद्वेगैर्मुक्तो यः स च मे प्रियः॥ 15॥

दोहा—

जिससे जीव उद्वेग नहिं, वह न जीव से होय।
हर्ष, अमर्ष, उद्वेग बिन, भगत अभय प्रिय मोय॥

~•~

अनपेक्षः शुचिर्दक्ष उदासीनो गतव्यथः।
सर्वारम्भपरित्यागी यो मद्भक्तः स मे प्रियः॥ 16॥

दोहा—

पूर्ण शुद्ध इच्छा बिना, चतुर पक्षपात हीन।
दुखों मुक्त आरंभ तज, भगत मुझे प्रिय चीन॥

~•~

यो न हृष्यति न द्वेष्टि न शोचति न काङ्‌क्षति।
शुभाशुभपरित्यागी भक्तिमान्यः स मे प्रियः॥ 17॥

दोहा—

हर्ष शोक या द्वेष बिन, मुक्त कामना होय।
कर्म शुभ-अशुभ त्याग दे, पुरुष भक्ति प्रिय मोय॥

~•~

समः शत्रौ च मित्रे च तथा मानापमानयोः।
शीतोष्णसुखदुःखेषु समः सङ्गविवर्जितः॥ 18॥

दोहा—

मान तथा अपमान सम, शीत गरम सम मान।
मित्र-शत्रु सुख-दुख द्वंद्व में, अनासक्त रह जान॥

~•~

तुल्यनिन्दास्तुतिर्मौनी सन्तुष्टो येन केनचित्।
अनिकेतः स्थिरमतिर्भक्तिमान्मे प्रियो नरः॥ 19॥

दोहा—

निंदा-स्तुति एकसी, मनन शील भी होय।
तन जिस विधि निर्वाह हो, सदा तुष्ट रह कोय॥

~•~

ये तु धर्म्यामृतमिदं यथोक्तं पर्युपासते।
श्रद्दधाना मत्परमा भक्तास्तेऽतीव मे प्रियाः॥ 20॥

दोहा—

श्रद्धायुत मुझे परायण धर्म अमृत यह पान।
निष्काम भाव सेवन करे वह अतिशय प्रिय मान॥

ॐ

॥ इति द्वादश अध्याय॥

□

॥ श्री शारदायै नमः ॥

अथ त्रयोदश अध्याय

क्षेत्र क्षेत्रज्ञ विभाग योग

(श्लोक 34)

'क्षेत्र' (शरीर) और क्षेत्रज्ञ (आत्मा) परस्पर अत्यंत विलक्षण हैं। केवल अज्ञान से ही इन दोनों की एकता सी हो रही है। क्षेत्र जड़, विकारी, क्षणिक और नाशवान है एवं क्षेत्रज्ञ चेतन, ज्ञान स्वरूप, नित्य निर्विकार और अविनाशी है। इस अध्याय में क्षेत्र-क्षेत्रज्ञ दोनों के स्वरूप के उपर्युक्त प्रकार से विभाग किया गया है। इसलिए इसका नाम 'क्षेत्र-क्षेत्रज्ञ विभाग योग' रखा गया है।

बारहवें अध्याय के आरंभ में अर्जुन ने सगुण और निर्गुण उपासकों की श्रेष्ठता के विषय में प्रश्न किया था। उसका उत्तर देते हुए भगवान् ने दूसरे श्लोक में संक्षेप में सगुण उपासना को श्रेष्ठता का प्रतिपादन करके तीसरे से पाँचवें श्लोक तक निर्गुण उपासना का स्वरूप, उसका फल और देहाभिमानियों के लिए उसके अनुष्ठान में कठिनता का निरूपण किया। फिर छठे से बीसवें श्लोक तक सगुण उपासना का महत्त्व, फल, प्रकार और भक्तों के लक्षणों का वर्णन करते-करते अध्याय की समाप्ति हो गई, निर्गुण का तत्त्व, महिमा और उसकी प्राप्ति के साधनों को विस्तारपूर्वक नहीं समझाया गया, अतएव निर्गुण निराकार का तत्त्व अर्थात् ज्ञान योग का विषय भलीभाँति समझने के लिए तेरहवें अध्याय का आरंभ किया जाता है। इसके पूर्व भगवान् क्षेत्र (शरीर) क्षेत्रज्ञ (आत्मा) के लक्षण बतलाते हैं।

• श्री भगवान उवाच—

इदं शरीरं कौन्तेय क्षेत्रमित्यभिधीयते।
एतद्यो वेत्ति तं प्राहुः क्षेत्रज्ञ इति तद्विदः॥ 1॥

दोहा—

अर्जुन! क्षेत्र शरीर है, क्षेत्रज्ञ जाननहार।
जो जानें इस तत्त्व को, वह ज्ञानी यह सार॥

~•~

क्षेत्रज्ञं चापि मां विद्धि सर्वक्षेत्रेषु भारत।
क्षेत्रक्षेत्रज्ञयोर्ज्ञानं यत्तज्ज्ञानं मतं मम॥ 2॥

दोहा—

अर्जुन! क्षेत्रों में मुझे जीव आत्मा जान।
क्षेत्र क्षेत्रज्ञ विकार जो, तत्त्व जान वह ज्ञान॥

~•~

तत्क्षेत्रं यच्च यादृक् च यद्विकारि यतश्च यत्।
स च यो यत्प्रभावश्च तत्समासेन मे शृणु॥ 3॥

दोहा—

वह जो जैसा क्षेत्र है, कारण कौन विकार।
पूर्ण क्षेत्रज्ञ प्रभाव जो, मुझसे सुन कुछ सार॥

~•~

ऋषिभिर्बहुधा गीतं छन्दोभिर्विविधैः पृथक्।
ब्रह्मसूत्रपदैश्चैव हेतुमद्भिर्विनिश्चितैः॥ 4॥

दोहा—

ऋषि प्रकार कहते कई, वेद मंत्र विस्तार।
युक्ति युक्त निश्चय पृथक्, ब्रह्म सूत्र पद सार॥

~•~

महाभूतान्यहङ्कारो बुद्धिरव्यक्तमेव च।
इन्द्रियाणि दशैकं च पञ्च चेन्द्रियगोचराः॥ 5॥

दोहा—

बुद्धि अहं मन प्रकृति फिर दसों इंद्रियाँ कूत।
इनकी गिनती जान ले, पाँच महा यह भूत॥ अ॥
पाँच होएँ इंद्रिय विषय, शब्द रूप रस मान।
साथ गंध स्पर्श मिला, विषय ठीक से जान॥ ब॥

~•~

इच्छा द्वेषः सुखं दुःखं सङ्घातश्चेतना धृतिः।
एतत्क्षेत्रं समासेन सविकारमुदाहृतम्॥ 6॥

दोहा—

सुख दुख इच्छा द्वेष ये, देह पिंड स्थूल।
विकार युत धृति चेतना, कहा क्षेत्र कुछ मूल॥

~•~

अमानित्वमदम्भित्वमहिंसा क्षान्तिरार्जवम्।
आचार्योपासनं शौचं स्थैर्यमात्मविनिग्रहः॥ 7॥

दोहा—

अहं अभाव श्रेष्ठता, दंभ आचरण खोय।
भाव अहिंसा हो क्षमा, सहज बोल मन होय॥ अ॥
गुरु सेवा श्रद्धा रखे, हृदय शुद्धि थिर भाय।
विजित मन सहित इंद्रियाँ देह निग्रह करवाय॥ ब॥

~•~

इन्द्रियार्थेषु वैराग्यमनहङ्कार एव च।
जन्ममृत्युजराव्याधिदुःखदोषानुदर्शनम्॥ 8॥

दोहा—

भोग लोक पर लोक में, अनासक्त हो जाय।
अहंकार से हीन हो, करता रहे उपाय॥ अ॥
जन्म मृत्यु दुख या जरा, रोग दोष तक सार।
बार बार करता रहे, सब पर गहन विचार॥ ब॥

~•~

असक्तिरनभिष्वङ्गः पुत्रदारगृहादिषु।
नित्यं च समचित्तत्वमिष्टानिष्टोपपत्तिषु॥ 9॥

दोहा—

ममता धन धर नारि सुत, घटे आसक्ति ध्यान।
मिले अप्रिय प्रिय हो भले, चित्त सदैव समान॥

~•~

मयि चानन्ययोगेन भक्तिरव्यभिचारिणी।
विविक्तदेशसेवित्वमरतिर्जनसंसदि ॥ 10॥

दोहा—

भक्ति अव्यभिचारिणी, मुझ में अनन्य योग।
प्रेम न विषयासक्त जन, एकांत प्रिय लोग॥

~•~

अध्यात्मज्ञाननित्यत्वं तत्त्वज्ञानार्थदर्शनम्।
एतज्ज्ञानमिति प्रोक्तमज्ञानं यदतोन्यथा॥ 11॥

दोहा—

नित अध्यात्म ज्ञान में, ईशतत्त्व तक मान।
ईश उलट जो देखता, वह अज्ञानी-जान॥

~•~

ज्ञेयं यत्तत्प्रवक्ष्यामि यज्ज्ञात्वाऽमृतमश्नुते।
अनादिमत्परं ब्रह्म न सत्तन्नासदुच्यते॥ 12॥

दोहा—

योग्य हैं जो जानने, जान परम सुख पाय।
वही कहूँ पर ब्रह्म जो, परम सत् असत् नाय॥

~•~

सर्वतः पाणिपादं तत्सर्वतोऽक्षिशिरोमुखम्।
सर्वतः श्रुतिमल्लोके सर्वमावृत्य तिष्ठति॥ 13॥

दोहा—

हाथ पाँव सिर नेत्र मुख, कान रहें सब ओर।
व्याप्त कर सबको वहीं, स्थित जगत् हर छोर॥

~•~

सर्वेन्द्रियगुणाभासं सर्वेन्द्रियविवर्जितम्।
असक्तं सर्वभृच्चैव निर्गुणं गुणभोक्तृ च॥ 14॥

दोहा—

पूर्ण इंद्रियों के विषय, ज्ञाता विरत महान।
सर्वभूत जग पालता, निर्गुण-गुणमय मान॥

~•~

बहिरन्तश्च भूतानामचरं चरमेव च।
सूक्ष्मत्वात्तदविज्ञेयं दूरस्थं चान्तिके च तत्॥ 15॥

दोहा—

भूत चराचर में वही, रूप चर अचर रेय।
अति समीप अति दूर वो, सूक्ष्म है अविज्ञेय॥

~•~

अविभक्तं च भूतेषु विभक्तमिव च स्थितम्।
भूतभर्तृ च तज्ज्ञेयं ग्रसिष्णु प्रभविष्णु च॥ 16॥

दोहा—

मैं सब हूँ जस भूत नभ, विष्णु पालनहार।
शिव संहारक जानिए, ब्रह्मा सिरजन सार॥

~•~

ज्योतिषामपि तज्ज्योतिस्तमसः परमुच्यते।
ज्ञानं ज्ञेयं ज्ञानगम्यं हृदि सर्वस्य विष्ठितम्॥ 17॥

दोहा—

ज्योति ज्योतियों का वही, माया दूर न पास।
तत्त्व ज्ञान से जान पा, सबके हृदय निवास॥

~•~

इति क्षेत्रं तथा ज्ञानं ज्ञेयं चोक्तं समासतः।
मद्भक्त एतद्विज्ञाय मद्भावायोपपद्यते॥ 18॥

दोहा—

क्षेत्र ज्ञान यह जानने, कहा रूप संक्षेप।
तत्त्व जान मेरा भगत, मुझे पाय निर्लेप॥

~•~

प्रकृतिं पुरुषं चैव विद्ध्यनादी उभावपि।
विकारांश्च गुणांश्चैव विद्धि प्रकृतिसंभवान्॥ 19॥

दोहा—

प्रकृति-पुरुष अनादि हैं, दोनों को तू जान।
राग द्वेष त्रिगुण विकार, प्रकृति जनित हैं मान॥

~•~

कार्यकारणकर्तृत्वे हेतुः प्रकृतिरुच्यते।
पुरुषः सुखदुःखानां भोक्तृत्वे हेतुरुच्यते॥ 20॥

दोहा—

कार्य करण उत्पन्न जो, हेतु प्रकृति कहलाय।
भोगे सुख-दुख जीव जो, भोक्ता हेतु कहाय॥

~•~

पुरुषः प्रकृतिस्थो हि भुङ्क्ते प्रकृतिजान्गुणान्।
कारणं गुणसङ्गोऽस्य सदसद्योनिजन्मसु॥ 21॥

दोहा—

प्रकृति में स्थित पुरुष ही, प्रकृति त्रिगुणों भोग।
जीव इसी गुण संग से, योनि नेक बद योग॥

~•~

उपद्रष्टाऽनुमन्ता च भर्ता भोक्ता महेश्वरः।
परमात्मेति चाप्युक्तो देहेऽस्मिन्पुरुषः परः॥ 22॥

दोहा—

देह में स्थित आत्मा, परम आत्मा मान।
उपदृष्टा साक्षी यही, अनुमंता भी जान॥ अ॥
पाल पोस, भर्ता समझ, जीव भोक्ता पाय।
ब्रह्मापति महेश्वरः, परम ईश कहलाय॥ ब॥

~•~

य एवं वेत्ति पुरुषं प्रकृतिं च गुणैःसह।
सर्वथा वर्तमानोऽपि न स भूयोऽभिजायते॥ 23॥

दोहा—

गुणोंसहित प्रकृति, पुरुषतत्त्वसहितत्रियजान।
करे कर्म कर्तव्य कुल, पुनर्जन्म छुट मान॥

~•~

ध्यानेनात्मनि पश्यन्ति केचिदात्मानमात्मना।
अन्ये सांख्येन योगेन कर्मयोगेन चापरे॥ 24॥

दोहा—

शुद्ध सूक्ष्म बुद्धि पुरुष, ध्यान हृदय दर्शायँ।
ज्ञानयोग से ईश को, कर्मयोग से पायँ॥

~•~

अन्ये त्वेवमजानन्तः श्रुत्वाऽन्येभ्य उपासते।
तेऽपि चातितरन्त्येव मृत्युं श्रुतिपरायणाः॥ 25॥

दोहा—

मंद बुद्धि अनभिज्ञ जो, सुने तत्त्व पुरु भाय।
श्रवण परायण उपासक, बनकर जग तर जाय॥

~•~

यावत्सञ्जायते किञ्चित्सत्त्वं स्थावरजङ्गमम्।
क्षेत्रक्षेत्रज्ञसंयोगात्तद्विद्धि भरतर्षभ॥ 26॥

दोहा—

प्राणी यावन्मात्र सभी, स्थावर जंगम जान।
क्षेत्र-क्षेत्रज्ञ संयोग से, पार्थ! उत्पन्न मान॥

~•~

समं सर्वेषु भूतेषु तिष्ठन्तं परमेश्वरम्।
विनश्यत्स्वविनश्यन्तं यः पश्यति स पश्यति॥ 27॥

दोहा—

भूत नष्ट सब जान जो, ईश अक्षर है मान।
ईश स्थिति सम भाव से, यथार्थ देखे जान॥

~•~

समं पश्यन्हि सर्वत्र समवस्थितमीश्वरम्।
न हिनस्त्यात्मनाऽऽत्मानं ततो याति परां गतिम्॥ 28॥

दोहा—

जो देखे सम भाव से, सब में ईश समान।
आप नष्ट नहिं आपसे, पाय परम गति मान॥

~•~

प्रकृत्यैव च कर्माणि क्रियमाणानि सर्वशः।
यः पश्यति तथाऽऽत्मानमकर्तारं स पश्यति॥ 29॥

दोहा—

पूर्ण कर्म करती प्रकृति, जो जन देखे पार्थ।
तके अकर्ता आत्मा, देखे वही यथार्थ॥

~•~

यदा भूतपृथग्भावमेकस्थमनुपश्यति।
तत एव च विस्तारं ब्रह्म सम्पद्यते तदा॥ 30॥

दोहा—

भूत भाव हर भिन्न जब, स्थित ईश में देख।
उसी ईश में भूत सब, तत्क्षण प्रभु पा लेख॥

~•~

अनादित्वान्निर्गुणत्वात्परमात्मायमव्ययः।
शरीरस्थोऽपि कौन्तेय न करोति न लिप्यते॥ 31॥

दोहा—

अर्जुन! अनादि निर्गुणी, ईश देह में आय।
अविनाशी कुछ नहिं करे, लिप्त न कहीं दिखाय॥

~•~

यथा सर्वगतं सौक्ष्म्यादाकाशं नोपलिप्यते।
सर्वत्रावस्थितो देहे तथाऽऽत्मा नोपलिप्यते॥ 32॥

दोहा—

गगन व्याप्त सर्वत्र ज्यों, सूक्ष्म लिप्त न जान।
स्थिर देह में आत्मा, निर्गुण लिप्त न मान॥

~•~

यथा प्रकाशयत्येकः कृत्स्नं लोकमिमं रविः।
क्षेत्रं क्षेत्री तथा कृत्स्नं प्रकाशयति भारत॥ 33॥

दोहा—

एक रवि ब्रह्मांड ज्यों, पूर्ण प्रकाश कराय।
एक आत्मा जान त्यों, क्षेत्र प्रकाश प्रदाय॥

~•~

क्षेत्रक्षेत्रज्ञयोरेवमन्तरं ज्ञानचक्षुषा।
भूतप्रकृतिमोक्षं च ये विदुर्यान्ति ते परम्॥ 34॥

दोहा—

भेद क्षेत्र क्षेत्रज्ञ यही, कार्य प्रकृति छुट जान।
ज्ञान नेत्र से तत्त्वविद्, परम ब्रह्म पा मान॥

ॐ

॥ इति त्रयोदश अध्याय॥

□

॥ श्री शारदायै नमः ॥

अथ चतुर्दश अध्याय

गुणत्रयविभाग योग

(श्लोक 27)

इस अध्याय में सत्त्व, रज और तम—इन तीनों गुणों का स्वरूप, उनके कार्य, कारण और शक्ति का तथा वे किस प्रकार किस अवस्था में जीवात्मा को कैसे बंधन में डालते हैं और किस प्रकार इनसे छूट परम पद को प्राप्त हो सकता है तथा इन तीनों गुणों से अतीत हो कर परमात्मा को प्राप्त मनुष्य के क्या लक्षण हैं? इन्हीं त्रिगुण संबंधी बातों का विवेचन किया गया है। पहले साधन काल में रज और तम का त्याग करके सत्त्व गुण को ग्रहण करना है, अंत में सभी गुणों को त्याग कर देना। इसको समझने के लिए इन तीनों गुणों का विभागपूर्वक वर्णन किया गया है। तभी इस अध्याय का नाम 'गुणत्रिय विभाग योग' रखा गया है।

तेरहवें अध्याय में 'क्षेत्र' और 'क्षेत्रज्ञ' के लक्षणों का निर्देश करके उन दोनों के ज्ञान को ही ज्ञान बतलाया और उसके तत्त्वों की उत्पत्ति के क्रम आदि तथा क्षेत्रज्ञ का स्वरूप और उसके प्रभाव का वर्णन किया। इक्कीसवें श्लोक में यह बात भी कही कि पुरुष के बार-बार अच्छी या बुरी योनियों में जन्म होने में गुणों का संग ही हेतु है। गुणों के भिन्न-भिन्न स्वरूप क्या हैं? ये जीवात्मा को कैसे शरीर में बाँधते हैं? किन गुणों के संग से किस योनि में जन्म होता है। अतः इन सभी बातों का स्पष्टीकरण करने के लिए चौदहवें अध्याय का आरंभ किया।

• **श्री भगवान उवाच—**

परं भूयः प्रवक्ष्यामि ज्ञानानां ज्ञानमुत्तमम्।
यज्ज्ञात्वा मुनयः सर्वे परां सिद्धिमितो गताः॥ 1॥

दोहा—

उत्तम ज्ञानों में कहूँ, पुनः परम वह ज्ञान।
जिसे जान जग मुक्त मुनि, परम सिद्धि पा मान॥

~•~

इदं ज्ञानमुपाश्रित्य मम साधर्म्यमागताः।
सर्गेऽपि नोपजायन्ते प्रलये न व्यथन्ति च॥ 2॥

दोहा—

धारण कर इस ज्ञान को, रूप पाय मुझ कोय॥
आदि सृष्टि जनमे नहीं, प्रलय न व्याकुल होय॥

~•~

मम योनिर्महद्ब्रह्म तस्मिन् गर्भं दधाम्यहम्।
संभवः सर्वभूतानां ततो भवति भारत॥ 3॥

दोहा—

ब्रह्म रूप मेरी प्रकृति, योनि भूत सब जान।
गर्भाधान स्थान यही, अर्जुन! सबका मान॥ अ॥
चेतन रूपी गर्भ को, स्थापन कर्ता जान।
जड़ चेतन संयोग से, भूत उत्पत्ति मान॥ ब॥

~•~

सर्वयोनिषु कौन्तेय मूर्तयः सम्भवन्ति याः।
तासां ब्रह्म महद्योनिरहं बीजप्रदः पिता॥ 4॥

दोहा—

बहु प्रकार की योनियाँ जनमे नाना भूत।
गर्भ प्रकृति माँ धारणी, पितृ बीज मुझे कूत॥

~•~

सत्त्वं रजस्तम इति गुणाः प्रकृतिसंभवाः।
निबध्नन्ति महाबाहो देहे देहिनमव्ययम्॥ 5॥

दोहा—

सत्त्व, राजोगुण, तमोगुण, प्रकृति जनित गुण चीन।
अविनाशी जीवात्मा, तन में बाँधे तीन॥

~•~

तत्र सत्त्वं निर्मलत्वात्प्रकाशकमनामयम्।
सुखसङ्गेन बध्नाति ज्ञानसङ्गेन चानघ॥ 6॥

दोहा—

त्रय गुण निर्मल सत्त्व गुण, निर्विकार यह जान।
सुख व ज्ञान आसक्ति से, देही बाँधे मान॥

~•~

रजो रागात्मकं विद्धि तृष्णासङ्गसमुद्भवम्।
तन्निबध्नाति कौन्तेय कर्मसङ्गेन देहिनम्॥ 7॥

दोहा—

आसक्ति संग कामना, राग रूप रज पाय।
कर्मों में जीवात्मा, फल तन में बँधवाय॥

~•~

तमस्त्वज्ञानजं विद्धि मोहनं सर्वदेहिनाम्।
प्रमादालस्यनिद्राभिस्तन्निबध्नाति भारत॥ 8॥

दोहा—

देह धारियों मोह को, तम उपजाय अज्ञान।
निद्रा, आलस, प्रमाद से, यही बाँधता जान॥

~•~

सत्त्वं सुखे सञ्जयति रजः कर्मणि भारत।
ज्ञानमावृत्य तु तमः प्रमादे सञ्जयत्युत॥ 9॥

दोहा—

सत्त्व सदा सुख में लगे, रजो कर्म लगवाय।
तमो ज्ञान को ढाँकता, आय प्रमादी लाय॥

~•~

रजस्तमश्चाभिभूय सत्त्वं भवति भारत।
रजः सत्त्वं तमश्चैव तमः सत्त्वं रजस्तथा॥ 10॥

दोहा—

तमो रजो दब सत्त्व गुण, पार्थ तुरत आजाय।
सत्त्व रजो दब तमो गुण, दो दब तीजा आय॥

~•~

सर्वद्वारेषु देहेऽस्मिन्प्रकाश उपजायते।
ज्ञानं यदा तदा विद्याद्विवृद्धं सत्त्वमित्युत॥ 11॥

दोहा—

देह हृदय इंद्रियों बढ़े, अति चेतना विवेक।
यह जानों उस काल में, सत्त्व गुण बढ़ा नेक॥

~•~

लोभः प्रवृत्तिरारम्भः कर्मणामशमः स्पृहा।
रजस्येतानि जायन्ते विवृद्धे भरतर्षभ॥ 12॥

दोहा—

अर्जुन! गुण बढ़ता रजो, लोभ वृत्ति बढ़ जाय।
विषय-भोग की लालसा, बढ़े अशांति आय॥

~•~

अप्रकाशोऽप्रवृत्तिश्च प्रमादो मोह एव च।
तमस्येतानि जायन्ते विवृद्धे कुरुनन्दन॥ 14॥

दोहा—

तमो बढ़े तन लाय तम, इंद्रिय हृदय प्रमाद।
मन उचटे कर्तव्य से, आलस नींद प्रसाद॥

~•~

यदा सत्त्वे प्रवृद्धे तु प्रलयं याति देहभृत्।
तदोत्तमविदां लोकानमलान्प्रतिपद्यते॥ 14॥

दोहा—

बुद्धि सत्त्वगुण में तभी, पुरुष मृत्यु हो जाय।
उत्तम कर्मों स्वर्ग वह, अस लोकों को पाय॥

~•~

रजसि प्रलयं गत्वा कर्मसङ्गिषु जायते।
तथा प्रलीनस्तमसि मूढयोनिषु जायते॥ 15॥

दोहा—

कर्मासक्ति देह मिले, रजो बढ़े मर जाय।
बढ़े योग तम का मरे, मूढ़ योनि पशु पाय॥

~•~

कर्मणः सुकृतस्याहुः सात्त्विकं निर्मलं फलम्।
रजसस्तु फलं दुःखमज्ञानं तमसः फलम्॥ 16॥

दोहा—

कर्म उच्च शुभ सात्त्विक, निर्मल फल सुख ज्ञान।
रज फल, दुख तामस करम, फल अज्ञान ही जान॥

~•~

सत्त्वात्सञ्जायते ज्ञानं रजसो लोभ एव च।
प्रमादमोहौ तमसो भवतोऽज्ञानमेव च॥ 17॥

दोहा—

सत्त्व ज्ञान बृद्धि करे, लोभ रजो उपजाय।
मोह अज्ञान प्रमाद को, तम अवगुण प्रगटाय॥

~•~

ऊर्ध्वं गच्छन्ति सत्त्वस्था मध्ये तिष्ठन्ति राजसाः।
जघन्यगुणवृत्तिस्था अधो गच्छन्ति तामसाः॥ 18॥

दोहा—

सत्त्व गुणी जाए सुरग, रजो मृत्यु जग आय।
आलस नींद प्रमाद तम नरक कीट पशु पाय॥

~•~

नान्यं गुणेभ्यः कर्तारं यदा द्रष्टानुपश्यति।
गुणेभ्यश्च परं वेत्ति मद्भावं सोऽधिगच्छति॥ 19॥

दोहा—

द्रष्टा जब त्रियगुण सिवा, अन्य न कर्ता देख।
वह तीनों गुण से परे, रूप पाय मम लेख॥

~•~

गुणानेतानतीत्य त्रीन्देही देहसमुद्भवान्।
जन्ममृत्युजरादुःखैर्विमुक्तोऽमृतमश्नुते॥ 20॥

दोहा—

देह उत्पत्ति त्रिय गुणों, उल्लंघन कर जाय।
जन्म, मृत्यु, दुख, जरा छुट, परम आनंद पाय॥

~•~

• **अर्जुन उवाच—**

कैर्लिंगैस्त्रीन्गुणानेतानतीतो भवति प्रभो।
किमाचारः कथं चैतांस्त्रीन्गुणानतिवर्तते॥ 21॥

दोहा—

अतीत त्रय गुणों से पुरुष, किन लक्षणों युत होय।
प्रभु! उपाय सब आचरण, कह अतीत गुण सोय॥

~•~

• **श्री भगवान उवाच—**

प्रकाशं च प्रवृत्तिं च मोहमेव च पाण्डव।
न द्वेष्टि सम्प्रवृत्तानि न निवृत्तानि काङ्क्षति॥ 22॥

दोहा—

सत्त्व कार्य प्रकाश पुरुष, कार्य वृत्ति रज होय।
कार्य रूप तम मोह की, इच्छा द्वेष न कोय॥

~•~

उदासीनवदासीनो गुणैर्यो न विचाल्यते।
गुणा वर्तन्त इत्येव योऽवतिष्ठति नेङ्गते॥ 23॥

दोहा—

साक्षी स्थित जो हुआ, गुण विचलित मत जान।
गुण ही गुण में बरतता, भाव ईश दृढ़ मान॥

~•~

समदुःखसुखः स्वस्थः समलोष्टाश्मकाञ्चनः।
तुल्यप्रियाप्रियो धीरस्तुल्यनिन्दात्मसंस्तुतिः॥ 24॥

दोहा—

आत्मभाव स्थित रहे, यश निंदा सम जान।
सुख-दुख-पत्थर प्रिय-अप्रिय, माटी-कनक समान॥

~•~

मानापमानयोस्तुल्यस्तुल्यो मित्रारिपक्षयोः।
सर्वारम्भपरित्यागी गुणातीतः स उच्यते॥ 25॥

दोहा—

पक्ष मित्र रिपु भाव सम, मान तथा अपमान।
कर्तारंभ अहं बिना, गुणातीत जन जान॥

~•~

मां च योऽव्यभिचारेण भक्तियोगेन सेवते।
स गुणान्समतीत्यैतान् ब्रह्मभूयाय कल्पते॥ 26॥

दोहा—

अव्यभिचारी भक्ति से, त्रिगुण लाँघ मुझ जाप।
ब्रह्म प्राप्ति योग्य ही, बन जाता है आप॥

~•~

ब्रह्मणो हि प्रतिष्ठाऽहममृतस्याव्ययस्य च।
शाश्वतस्य च धर्मस्य सुखस्यैकान्तिकस्य च॥ 27॥

दोहा—

अविनाशी परब्रह्म का, अमृत धर्म का मान।
इकरस अखंड आनंद, आश्रय मैं ही जान॥

ॐ

॥ इति चतुर्दश अध्याय॥

□

॥ श्री शारदायै नमः ॥

अथ पंचदश अध्याय

पुरुषोत्तम योग

(श्लोक 20)

इस अध्याय में संपूर्ण जगत् के कर्ता, हर्ता और सर्वशक्तिमान सबके नियंता, अंतर्यामी, परम दयालु, सुहृदय, शरण लेने योग्य, सगुण परमेश्वर, पुरुषोत्तम भगवान् के गुण, प्रभाव और रूप का वर्णन किया गया है एवं 'क्षर' पुरुष (क्षेत्र) अक्षर पुरुष (क्षेत्रज्ञ) और पुरुषोत्तम (परमेश्वर) इन तीनों का वर्णन करके क्षर और अक्षर से भगवान् किस प्रकार उत्तम है एवं किस प्रकार उनको प्राप्त किया जा सकता है इत्यादि विषय भलीभाँति समझाए गए हैं। इसी कारण से इस अध्याय का नाम 'पुरुषोत्तम योग' रखा गया है।

चौदहवें अध्याय के पाँचवें से अठारहवें श्लोक तक तीनों गुणों का स्वरूप, कार्य और उनकी बंधनकारिता और बंधनयुक्त मनुष्यों की उत्तम, मध्यम एवं अधम गति आदि का सविस्तार वर्णन करके उन्नीसवें तथा बीसवें श्लोक के अंदर उन गुणों के अतीत होने का उपाय और फल बतलाया गया है।

वैराग्य और भगवान् की शरणागति का वर्णन करने के लिए पंद्रहवें अध्याय का आरंभ किया जाता है। यहाँ पहले संसार से बैराग्य उत्पन्न करने के लिए तीन श्लोकों के द्वारा संसार का वर्णन पीपल के वृक्ष के रूप में करते हुए वैराग्य रूपी शस्त्र से उसका छेदन करने के लिए कहते हैं।

• **श्री भगवान उवाच—**

ऊर्ध्वमूलमधःशाखमश्वत्थं प्राहुरव्ययम्।
छन्दांसि यस्य पर्णानि यस्तं वेद स वेदवित्॥ 1॥

दोहा—

आदि पुरुष परमेश्वर, जग वृक्ष पीपल जान।
शखाएँ ब्रह्मा प्रमुख, मूल ऊपरी मान॥ अ॥
इसको अविनाशी कहें, वेद पात सम जान।
मूल सहित जो तत्त्वविद्, वेद अर्थ विज्ञ मान॥ ब॥

~•~

अधश्चोर्ध्वं प्रसृतास्तस्य शाखा गुणप्रवृद्धा विषयप्रवालाः।
अधश्च मूलान्यनुसन्ततानि कर्मानुबन्धीनि मनुष्यलोके॥ 2॥

दोहा—

त्रियगुण रूपी नीर से, जग वृक्ष बढ़ता जाय।
विषय भोग जस कोपलें, सर्वत्र फैली पाय॥ अ॥
देव, मनुज योनि तिर्यक, शाखाएँ हर ओर।
जड़ें कर्म जस बाँधती, निम्न उच्च हर छोर॥ ब॥

~•~

न रूपमस्येह तथोपलभ्यते नान्तो न चादिर्न च संप्रतिष्ठा।
अश्वत्थमेनं सुविरूढमूल मसङ्गशस्त्रेण दृढेन छित्त्वा॥ 3॥

दोहा—

रूप जग वृक्ष जो कहा, वैसा नहीं दिखाय।
आदि अंत इसका नहीं, स्थिति न उत्तम पाय॥ अ॥
मोह वासना मूल से, पीपल के दृढ़ ठाट।
शस्त्र ले वैराग्य का पार्थ! वृक्ष यह काट॥ ब॥

~•~

ततः पदं तत्परिमार्गितव्यं यस्मिन्गता न निवर्तन्ति भूयः।
तमेव चाद्यं पुरुषं प्रपद्ये यतः प्रवृत्तिः प्रसृता पुराणी॥ 4॥

दोहा—

तभी परम पद ब्रह्म की, गहन खाज की जाय।
पुरुष गए जो खोजने, जग में पुनः न आय॥ अ॥
वृक्ष वृत्ति विस्तार को, उसी ईश से पाय।
नारायण की हूँ शरण, निदिध्यासन लगाय॥ ब॥

~•~

निर्मानमोहा जितसङ्गदोषा
अध्यात्मनित्या विनिवृत्तकामाः।
द्वन्द्वैर्विमुक्ताः सुखदुः
खसंज्ञैर्गच्छन्त्यमूढाः पदमव्ययं तत्॥ 5॥

दोहा—

मोह मान जिनका मिटा, अनासक्त हो जायँ।
नित्य स्थित जो ईश में, मुक्त कामना पायँ॥ अ॥
नष्ट द्वंद सुख-दुख सभी, विमुक्त ज्ञानी होय।
यह ज्ञानी पाए परम, अविनाशी पद सोय॥ ब॥

~•~

न तद्भासयते सूर्यो न शशाङ्को न पावकः।
यद्गत्वा न निवर्तन्ते तद्धाम परमं मम॥ 6॥

दोहा—

पुरुष परम पद पायँ जो, जग में पुनः न आयँ।
अग्नि चंद्र रवि धाम मम, कर न प्रकाशित पायँ॥

~•~

ममैवांशो जीवलोके जीवभूतः सनातनः।
मनःषष्ठानीन्द्रियाणि प्रकृतिस्थानि कर्षति॥ 7॥

दोहा—

देह स्थित जीवात्मा, अंश सनातन माम।
पाँच इंद्रियाँ मन प्रकृति, आकर्षित कर काम॥

~•~

शरीरं यदवाप्नोति यच्चाप्युत्क्रामतीश्वरः।
गृहीत्वैतानि संयाति वायुर्गन्धानिवाशयात्॥ 8॥

दोहा—

ज्यों वायु गंध स्थान से, गंध ग्रहण कर आय।
त्यों नव तन, मन, इंद्रियाँ, सहित आत्मा जाय॥

~•~

श्रोत्रं चक्षुः स्पर्शनं च रसनं घ्राणमेव च।
अधिष्ठाय मनश्चायं विषयानुपसेवते॥ 9॥

दोहा—

चक्षु-श्रोत-रसना-त्वचा, मन अरु घ्राण मिलाय।
मन आश्रय कर आत्मा, सेवन विषय कराय॥

~•~

उत्क्रामन्तं स्थितं वापि भुञ्जानं वा गुणान्वितम्।
विमूढा नानुपश्यन्ति पश्यन्ति ज्ञानचक्षुषः॥ 10॥

दोहा—

तन त्यागे तन में रहे, या विषयों रत भोग।
मूढ़ न जाने त्रयगुणों, समझ ज्ञान चक्षु लोग॥

~•~

यतन्तो योगिनश्चैनं पश्यन्त्यात्मन्यवस्थितम्।
यतन्तोऽप्यकृतात्मानो नैनं पश्यन्त्यचेतसः॥ 11॥

दोहा—

यत्नशील योगी हृदय, तत्त्व आत्मा पाय।
मूढ़ हृदय शुद्धी बिना, जतन अकारथ जाय॥

~•~

यदादित्यगतं तेजो जगद्भासयतेऽखिलम्।
यच्चन्द्रमसि यच्चाग्नौ तत्तेजो विद्धि मामकम्॥ 12॥

दोहा—

सूर्य तेज जग प्रकाशित, तेज चंद्र का मान।
अग्नि तेज हर तेज को, मेरा ही तू जान॥

~•~

गामाविश्य च भूतानि धारयाम्यहमोजसा।
पुष्णामि चौषधीः सर्वाः सोमो भूत्वा रसात्मकः॥ 13॥

दोहा—

मैं प्रवेश पृथ्वी करूँ, भूत शक्ति सब धार।
चंद्र अमृतरस मैं बनूँ, पुष्ट औषधी सार॥

~•~

अहं वैश्वानरो भूत्वा प्राणिनां देहमाश्रितः।
प्राणापानसमायुक्तः पचाम्यन्नं चतुर्विधम्॥ 14॥

दोहा—

सर्व प्राणि तन प्राण मैं, अपान युत हूँ सार।
बेश्वानर हूँ अग्नि मैं, अन्न पचाऊँ चार॥

~•~

सर्वस्य चाहं हृदि सन्निविष्टो मत्तः स्मृतिर्ज्ञानमपोहनं च।
वेदैश्च सर्वैरहमेव वेद्यो वेदान्तकृद्वेदविदेव चाहम्॥ 15॥

दोहा—

स्थित प्राणियों के हृदय, स्मृति अपोहन ज्ञान।
कर्ता हूँ वेदांत का, मुझे वेदविद् जान॥

~•~

द्वाविमौ पुरुषौ लोके क्षरश्चाक्षर एव च।
क्षरः सर्वाणि भूतानि कूटस्थोऽक्षर उच्यते॥ 16॥

दोहा—

अविनाशी जीवात्मा, नाशवान तन सार।
सर्व भूत जग में यही, दोनों होयँ प्रकार॥

~•~

उत्तमः पुरुषस्त्वन्यः परमात्मेत्युदाहृतः।
यो लोकत्रयमाविश्य बिभर्त्यव्यय ईश्वरः॥ 17॥

दोहा—

अन्य होय उत्तम पुरुष, तीन लोक जो जाय।
धारण पोषण सृष्टि का, अव्यय ईश कहाय॥

~•~

यस्मात्क्षरमतीतोऽहमक्षरादपि चोत्तमः।
अतोऽस्मि लोके वेदे च प्रथितः पुरुषोत्तमः॥ 18॥

दोहा—

नाशवान जड़ वर्ग से, रहता सदा अतीत।
जीव उच्च पुरुषोत्तम, लोक वेद कह रीत॥

~•~

यो मामेवमसम्मूढो जानाति पुरुषोत्तमम्।
स सर्वविद्भजति मां सर्वभावेन भारत॥ 19॥

दोहा—

ज्ञानी पुरुषोत्तम मुझे, लेय तत्त्व से जान।
वासुदेव भजता सदा, वह सर्वज्ञ यह मान॥

~•~

इति गुह्यतमं शास्त्रमिदमुक्तं मयाऽनघ।
एतद्बुद्ध्वा बुद्धिमान्स्यात्कृतकृत्यश्च भारत॥ 20॥

दोहा—

अति रहस्य युत शास्त्र, कहा गोपनिय ज्ञान।
ज्ञानवान कृतार्थ हों, तत्त्व सहित लें जान॥

ॐ

॥ इति पंचदश अध्याय॥

□

॥ श्री शारदायै नमः ॥

अथ षोडश अध्याय

देवासुर संपत्ति विभाग योग

(श्लोक 24)

इस सोलहवें अध्याय में देव शब्द वाच्य परमेश्वर से संबंध रखनेवाले तथा उनको प्राप्त करा देनेवाले सद्गुणों और सदाचारों का, उन्हें जानकर धारण करने के लिए देवी संपदा के नाम से और असुरों के जैसे दुर्गुण तथा दुराचारों को जानकर त्याग करने के लिए आसुरी संपदा के नाम से विभागपूर्वक विस्तृत वर्णन किया गया है। इसलिए इस अध्याय का नाम 'देवासुर संपद विभाग योग' रखा गया है।

सातवें अध्याय के पंद्रहवें श्लोक में तथा नवें अध्याय के ग्यारहवें और बारहवें श्लोकों में भगवान् ने कहा था कि 'आसुरी' और राक्षसी प्रकृति को धारण करनेवाले मूढ़ मेरा भजन नहीं करते, वरन् मेरा तिरस्कार करते हैं। नवें अध्याय के तेरहवें और चौदहवें श्लोकों में कहा है कि 'देवी प्रकृति से युक्त महात्माजन मुझे सब भूतों का आदि और अविनाशी समझकर अनन्य प्रेम के साथ सब प्रकार से मेरा निरंतर भजन करते हैं। फिर पंद्रहवें अध्याय के उन्नीसवें श्लोक में भगवान् ने कहा कि जो ज्ञानी महात्मा मुझे 'पुरुषोत्तम' जानते हैं, वे सब प्रकार से मेरा भजन करते हैं। और भजन न करनेवाले आसुरी प्रकृति युक्त असुरी मनुष्यों के क्या-क्या लक्षण हैं? अतएव अब भगवान् दोनों के लक्षण और स्वभाव का विस्तारपूर्वक वर्णन करने के लिए सोलहवाँ अध्याय आरंभ करते हैं। इसमें प्रथम तीन श्लोकों द्वारा दैवी संपदा से युक्त सात्त्विक पुरुषों के स्वाभाविक लक्षणों का विस्तारपूर्वक वर्णन किया है।

• **श्री भगवान उवाच—**

अभयं सत्त्वसंशुद्धिः ज्ञानयोगव्यवस्थितिः।
दानं दमश्च यज्ञश्च स्वाध्यायस्तप आर्जवम्॥ 1॥

दोहा—

निर्मल अंतःकरण हो, भय का नाम न जान।
तत्त्व ज्ञान के हेतु जो, ध्यान योग दृढ़ मान॥ अ॥
दमन इंद्रियों का करें, यज्ञ सात्त्विक दान।
स्वाध्याय स्वधर्म में, कष्ट आय सह जान॥ ब॥

~•~

अहिंसा सत्यमक्रोधस्त्यागः शान्तिरपैशुनम्।
दया भूतेष्वलोलुप्त्वं मार्दवं ह्रीरचापलम्॥ 2॥

दोहा—

तन मन वाणी से कभी, 'पर' को कष्ट न देय।
सत्य अक्रोधी अहिंसक, त्याग चित्त थिर रेय॥ अ॥
बिन निंदा सब पर दया, अनासक्त स्वभाव।
लोक शास्त्र प्रिय शांत, व्यर्थ यत्न न चाव॥ ब॥

~•~

तेजः क्षमा धृतिः शौचमद्रोहो नातिमानिता।
भवन्ति सम्पदं दैवीमभिजातस्य भारत॥ 3॥

दोहा—

धैर्य तेज शुद्धी क्षमा,
पूजूँ नहीं अभिमान।
पार्थ! शत्रु भाव सून जो,
दैवि संपदा जान॥

~•~

दम्भो दर्पोऽभिमानश्च क्रोधः पारुष्यमेव च।
अज्ञानं चाभिजातस्य पार्थ सम्पदमासुरीम्॥ 4॥

दोहा—

पार्थ! घमंड-कठोरता, दंभ क्रोध अभिमान।
यही संपदा आसुरी, लक्षण मनुज अज्ञान॥

~•~

दैवी सम्पद्विमोक्षाय निबन्धायासुरी मता।
मा शुचः सम्पदं दैवीमभिजातोऽसि पाण्डव॥ 5॥

दोहा—

दैवि संपदा मुक्ति को, बंध आसुरी जान।
अर्जुन जनमा दैवि ले, शोक न कर तू मान॥

~•~

द्वौ भूतसर्गौ लोकेऽस्मिन् दैव आसुर एव च।
दैवो विस्तरशः प्रोक्त आसुरं पार्थ मे शृणु॥ 6॥

दोहा—

जग में दैवी आसुरी मनुज दोई प्रकार।
पार्थ! बहुत देवी कही, सुनो असुर बिस्तार॥

~•~

प्रवृत्तिं च निवृत्तिं च जना न विदुरासुराः।
न शौचं नापि चाचारो न सत्यं तेषु विद्यते॥ 7॥

दोहा—

प्रवृत्ति-निवृत्ति ज्ञान नहिं उच्च आचरणहीन।
असत्य भाष शुद्धि नहीं, असुर भाव पुरु चीन॥

~•~

असत्यमप्रतिष्ठं ते जगदाहुरनीश्वरम्।
अपरस्परसम्भूतं किमन्यत्कामहैतुकम्॥ 8॥

दोहा—

जग निर्मित बिन ईश के, नारि-पुरुष संयोग।
आश्रयहीन असत्य जग पुरुष काम बस भोग॥

~•~

एतां दृष्टिमवष्टभ्य नष्टात्मानोऽल्पबुद्धयः।
प्रभवन्त्युग्रकर्माणः क्षयाय जगतोऽहिताः॥ 9॥

दोहा—

मिथ्या ज्ञान अवलंबन, जिनका नष्ट सुभाव।
मूढ़ क्रूर अपकर्मरत, शक्ति नष्ट जग चाव॥

~•~

काममाश्रित्य दुष्पूरं दम्भमानमदान्विताः।
मोहाद्गृहीत्वासद्ग्राहान्प्रवर्तन्तेऽशुचिव्रताः॥ 10॥

दोहा—

दंभ मान मद कामना, मिथ्या नीति अज्ञान।
ग्रहण मिथ्या सिद्धांत, चित्त भ्रष्ट जग जान॥

~•~

चिन्तामपरिमेयां च प्रलयान्तामुपाश्रिताः।
कामोपभोगपरमा एतावदिति निश्चिताः॥ 11॥

दोहा—

असंख्य चिंता-आश्रित, मृत्यु पर्यंत जान।
विषय भोग तत्पर रहें, इतना ही सुख मान॥

~•~

आशापाशशतैर्बद्धाः कामक्रोधपरायणाः।
ईहन्ते कामभोगार्थमन्यायेनार्थसञ्चयान्॥ 12॥

दोहा—

काम क्रोध के परायण, बँधे फाँसियों आश।
धन संग्रह अन्याय से, विषय भोग बस पास॥

~•~

इदमद्य मया लब्धमिमं प्राप्स्ये मनोरथम्।
इदमस्तीदमपि मे भविष्यति पुनर्धनम्॥ 13॥

दोहा—

मैंने पाया आज ये, अन्य मनोरथ पाय।
यह धन मेरे पास है, पुनः और धन आय॥

~•~

असौ मया हतः शत्रुर्हनिष्ये चापरानपि।
ईश्वरोऽहमहं भोगी सिद्धोऽहं बलवान्सुखी॥ 14॥

दोहा—

मैंने मारा शत्रु ये, अन्यों को दूँ मार।
मैं भोगी मैं ईश्वर, सिद्धि सुखी बल सार॥

~•~

आढ्योऽभिजनवानस्मि कोऽन्योऽस्ति सदृशो मया।
यक्ष्ये दास्यामि मोदिष्य इत्यज्ञानविमोहिताः॥ 15॥

दोहा—

बड़ा कुटुम मेरा धनी, मुझ सम अन्य न कोय।
यज्ञ दान आमोद करूँ, मूढ मोह मय होय॥

~•~

अनेकचित्तविभ्रान्ता मोहजालसमावृताः।
प्रसक्ताः कामभोगेषु पतन्ति नरकेऽशुचौ॥ 16॥

दोहा—

विषय आसक्ति भोग में, रमें आसुरी लोग।
मोह जाल में समावृत, घोर नर्क गिर भोग॥

~•~

आत्मसम्भाविताः स्तब्धा धनमानमदान्विताः।
यजन्ते नामयज्ञैस्ते दम्भेनाविधिपूर्वकम्॥ 17॥

दोहा—

उच्च स्वयं को मान वे, धन घमंड मद मान।
यज्ञ नाम अशास्त्रिय, यजन दंभ मय जान॥

~•~

अहङ्कारं बलं दर्पं कामं क्रोधं च संश्रिताः।
मामात्मपरदेहेषु प्रद्विषन्तोऽभ्यसूयकाः॥ 18॥

दोहा—

दंभ अहं बल कामना, क्रोधी निंदक जान।
निज 'पर' तन में स्थित हूँ, द्वेष ईश से मान॥

~•~

तानहं द्विषतः क्रूरान्संसारेषु नराधमान्।
क्षिपाम्यजस्रमशुभानासुरीष्वेव योनिषु॥ 19॥

दोहा—

पापाचारी कुकर्मी, द्वेष नराधम सार।
असुर योनियों डालता, जग में बारंबार॥

~•~

आसुरीं योनिमापन्ना मूढा जन्मनि जन्मनि।
मामप्राप्यैव कौन्तेय ततो यान्त्यधमां गतिम्॥ 20॥

दोहा—

मूढ़ मुझे पाएँ नहीं, योनि आसुरी पायँ।
जन्म-जन्म अर्जुन यही, नीच नर्क गति जायँ॥

~•~

त्रिविधं नरकस्येदं द्वारं नाशनमात्मनः।
कामः क्रोधस्तथा लोभस्तस्मादेतत्त्रयं त्यजेत्॥ 21॥

दोहा—

काम क्रोध अरु लोभ ये, तीन नरक के द्वार।
नाश अधोगति आत्मा, अतः त्याग त्रिय सार॥

~•~

एतैर्विमुक्तः कौन्तेय तमोद्वारैस्त्रिभिर्नरः।
आचरत्यात्मनः श्रेयस्ततो याति परां गतिम्॥ 22॥

दोहा—

अर्जुन! त्यागे द्वार त्रय, पुरुष मुक्त हो जाय।
'स्व' कल्याणी आचरण, परम गति मुझे पाय॥

~•~

यः शास्त्रविधिमुत्सृज्य वर्तते कामकारतः।
न स सिद्धिमवाप्नोति न सुखं न परां गतिम्॥ 23॥

दोहा—

जो मनमाना आचरण, शास्त्र विधि को त्याग।
सिद्धि परम गति सुख नहीं, पाए वह दुर्भाग॥

~•~

तस्माच्छास्त्रं प्रमाणं ते कार्याकार्यव्यवस्थितौ।
ज्ञात्वा शास्त्रविधानोक्तं कर्म कर्तुमिहार्हसि॥ 24॥

दोहा—

कर्तव्य अकर्तव्य ही, मान शास्त्र प्रमाण।
शास्त्र विधि युत कर्म कर, तेरा हो कल्याण॥

ॐ

॥ इति षोडश अध्याय॥

□

॥ श्री शारदायै नमः ॥

अथ सप्तदश अध्याय

श्रद्धात्रय विभाग योग

(श्लोक 28)

इस सत्रहवें अध्याय में आरंभ से अर्जुन ने श्रद्धा युक्त पुरुषों की निष्ठा पूछी है, उसके उत्तर में भगवान् ने तीन प्रकार की श्रद्धा बतलाकर श्रद्धा के अनुसार ही पुरुष का स्वरूप बतलाया है। फिर पूजा, यज्ञ, तप और श्रद्धा का संबंध बतलाते हुए अंतिम श्लोक में श्रद्धा रहित पुरुषों के कर्मों को असत् बतलाया। इस प्रकार इस अध्याय में त्रिविध श्रद्धा की विभागपूर्वक व्याख्या होने से इसका नाम 'श्रद्धात्रयविभागयोग' रखा गया है।

सोलहवें अध्याय के आरंभ में श्री भगवान् ने निष्काम भाव से सेवन किए जाने वाले शास्त्र विहित गुण और आचरणों का दैवी संपदा के नाम से वर्णन करके फिर शास्त्र विपरीत आसुरी स्वभाव वाले पुरुषों को नरक में गिरने की बात कही और यह भी बतलाया कि काम, क्रोध, लोभ ही आसुरी संपदा के प्रमुख लक्षण हैं, और यह तीनों ही नरक के द्वार हैं, इनका त्याग करके जो आत्म-कल्याण के लिए जो साधन करता है, वह परम गति को प्राप्त होता है। जो लोग शास्त्र विधि को छोड़कर मनमाने काम करते हैं, उनके कर्म व्यर्थ होते हैं। परंतु जो यज्ञ-पूजादि शुभ कर्म श्रद्धापूर्वक करते हैं। उनकी क्या स्थिति होती है ?

इस जिज्ञासा को व्यक्त करते हुए अर्जुन पूछते हैं।

• अर्जुन उवाच—

ये शास्त्रविधिमुत्सृज्य यजन्ते श्रद्धयाऽन्विताः।
तेषां निष्ठा तु का कृष्ण सत्त्वमाहो रजस्तमः॥ 1॥

दोहा—

शास्त्र विधि को त्याग जो, श्रद्धा देव पुजाय।
सतो रजो तम स्थिति में, कुष्ण! कौन सी पाय॥

~•~

• श्री भगवान उवाच—

त्रिविधा भवति श्रद्धा देहिनां सा स्वभावजा।
सात्त्विकी राजसी चैव तामसी चेति तां श्रृणु॥ 2॥

दोहा—

संस्कार आशास्त्रिय, श्रद्धा तीन प्रकार।
प्रकट मनुज स्वभाव जो, सत् रज तम का सार॥

~•~

सत्त्वानुरूपा सर्वस्य श्रद्धा भवति भारत।
श्रद्धामयोऽयं पुरुषो यो यच्छ्रद्धः स एव सः॥ 3॥

दोहा—

जस श्रद्धा अंतःकरण, तस मनुष्य हो जाय।
जिसकी जस श्रद्धा रहे, तस अपने को पाय॥

~•~

यजन्ते सात्त्विका देवान्यक्षरक्षांसि राजसाः।
प्रेतान्भूतगणांश्चान्ये यजन्ते तामसा जनाः॥ 4॥

दोहा—

सत् देवों को पूजते, यक्ष रक्ष रज भायँ।
भूत प्रेत तम पूजते, एसे देखे जायँ॥

~•~

अशास्त्रविहितं घोरं तप्यन्ते ये तपो जनाः।
दम्भाहङ्कारसंयुक्ताः कामरागबलान्विताः॥ 5॥

दोहा—

शास्त्र विधि से जो रहित, कल्पित कर तप जाप।
अहं दंभ आसक्ति बल, अभिमानी भी आप॥

~•~

कर्षयन्तः शरीरस्थं भूतग्राममचेतसः।
मां चैवान्तःशरीरस्थं तान्विद्ध्यासुरनिश्चयान्॥ 6॥

दोहा—

देह स्थित भूतों तथा, हृदय स्थित मैं जान।
कृश बस दोनों को करें, मूढ़ आसुरी मान॥

~•~

आहारस्त्वपि सर्वस्य त्रिविधो भवति प्रियः।
यज्ञस्तपस्तथा दानं तेषां भेदमिमं शृणु॥ 7॥

दोहा—

भोजन में सबकी प्रकृति, प्रिय हैं तीन प्रकार।
यज्ञ दान तप तीन हैं, भेद पृथक सुन सार॥

~•~

आयुःसत्त्वबलारोग्यसुखप्रीतिविवर्धनाः।
रस्याः स्निग्धाः स्थिरा हृद्या आहाराः सात्त्विकप्रियाः॥ 8॥

दोहा—

आयु बुद्धि बल प्रीति सुख, काया रखे निरोग।
चिकने रस मन को रुचे, खायँ सात्त्विक लोग॥

~•~

कट्वम्ललवणात्युष्णतीक्ष्णरूक्षविदाहिनः।
आहारा राजसस्येष्टा दु:खशोकामयप्रदा:॥ 9॥

दोहा—

कड़वे खट्टे लवण युत, तीखे रूखे खायँ।
रोग वृद्धि चिंता दुखों, दाह गरम रज भायँ॥

~•~

यातयामं गतरसं पूति पर्युषितं च यत्।
उच्छिष्टमपि चामेध्यं भोजनं तामसप्रियम्॥ 10॥

दोहा—

भोज अधपका रस रहित, भले अपवित्र खायँ।
दुर्गंध वासी उच्छिष्ट, तमों पुरुष प्रिय पायँ॥

~•~

अफलाकाङ्क्षिभिर्यज्ञो विधिदृष्टो य इज्यते।
यष्टव्यमेवेति मनः समाधाय स सात्त्विकः॥ 11॥

दोहा—

नियत शास्त्र विधि यज्ञ जो, करे कर्तव्य मान।
समाधान मन फल रहित, इसे सात्त्विक जान॥

~•~

अभिसंधाय तु फलं दम्भार्थमपि चैव यत्।
इज्यते भरतश्रेष्ठ तं यज्ञं विद्धि राजसम्॥ 12॥

दोहा—

दंभ आचरण के लिए, फल पर दृष्टि लगायँ।
अर्जुन ऐसे यज्ञ जो, वह राजस कहलायँ॥

~•~

विधिहीनमसृष्टान्नं मन्त्रहीनमदक्षिणम्।
श्रद्धाविरहितं यज्ञं तामसं परिचक्षते॥ 13॥

दोहा—

शास्त्र विधि से हीन जो, अन्न दक्षिणा हीन।
दान, मंत्र श्रद्धा बिना, यज्ञ तामसी चीन॥

~•~

देवद्विजगुरुप्राज्ञपूजनं शौचमार्जवम्।
ब्रह्मचर्यमहिंसा च शारीरं तप उच्यते॥ 14॥

दोहा—

द्विज ज्ञानी गुरु देवता सहज पूजना भाय।
ब्रह्मचर्य व्रत अहिंसा, तन का तप कहलाय॥

~•~

अनुद्वेगकरं वाक्यं सत्यं प्रियहितं च यत्।
स्वाध्यायाभ्यसनं चैव वाङ्मयं तप उच्यते॥ 15॥

दोहा—

हितकर भाष यथार्थ प्रिय, स्वाध्याय में लीन।
ईश जपे उद्वेग नहीं, यह वाणी तप चीन॥

~•~

मनःप्रसादः सौम्यत्वं मौनमात्मविनिग्रहः।
भावसंशुद्धिरित्येतत्तपो मानसमुच्यते॥ 16॥

दोहा—

शांत भाव प्रसन्न मन, भगवत चिंतन भाय।
पवित्र भाव, मन निग्रही, मनका तप कहलाय॥

~•~

श्रद्धया परया तप्तं तपस्तत् त्रिविधं नरैः।
अफलाकाङ्क्षिभिर्युक्तैः सात्त्विकं परिचक्षते॥ 17॥

दोहा—

फल न चाह योगी परम, श्रद्धा से करवायँ।
तप यह तीन प्रकार के, सात्त्विकी कहलायँ॥

~•~

सत्कारमानपूजार्थं तपो दम्भेन चैव यत्।
क्रियते तदिह प्रोक्तं राजसं चलमध्रुवम्॥ 18॥

दोहा—

जो तप पूजा मान को, स्वार्थ क्षणिक फल पायँ।
किए जायँ पाखंड से, राजस तप कहलायँ॥

~•~

मूढग्राहेणात्मनो यत्पीडया क्रियते तपः।
परस्योत्सादनार्थं वा तत्तामसमुदाहृतम्॥ 19॥

दोहा—

मूढ़ हठी तन मन वचन, 'पर' पीड़ा पहुँचायँ।
पर अनिष्ट के हेतु जो, तामस तप कहलायँ॥

~•~

दातव्यमिति यद्दानं दीयतेऽनुपकारिणे।
देशे काले च पात्रे च तद्दानं सात्त्विकं स्मृतम्॥ 20॥

दोहा—

दान देंय कर्तव्य है, देश काल या पात्र।
दान उपकार हीन को, देय सात्त्विक मात्र॥

~•~

यत्तु प्रत्युपकारार्थं फलमुद्दिश्य वा पुनः।
दीयते च परिक्लिष्टं तद्दानं राजसं स्मृतम्॥ 21॥

दोहा—

क्लेशपूर्वक दान जो, चाहे प्रत्युपकार।
फल को रखकर दृष्टि में, दान राजसी सार॥

~•~

अदेशकाले यद्दानमपात्रेभ्यश्च दीयते।
असत्कृतमवज्ञातं तत्तामसमुदाहृतम्॥ 22॥

दोहा—

दान बिना सत्कार के, तिरस्कार के साथ।
कुसमय दान कुपात्र को, देता तामस हाथ॥

~•~

ॐ तत्सदिति निर्देशो ब्रह्मणस्त्रिविधः स्मृतः।
ब्राह्मणास्तेन वेदाश्च यज्ञाश्च विहिताः पुरा॥ 23॥

दोहा—

ॐ तत् सत् ब्रह्म नाम, तीन सृष्टि के आदि।
वेद उसी से ब्राह्मण, रचे गए यज्ञादि॥

~•~

तस्मादोमित्युदाहृत्य यज्ञदानतपःक्रियाः।
प्रवर्तन्ते विधानोक्ताः सततं ब्रह्मवादिनाम्॥ 24॥

दोहा—

वेद मंत्रों उच्चारण, शास्त्र विधि मय काम।
यज्ञ दान तप कार्य अथ, लेय ॐ का नाम॥

~•~

तदित्यनभिसन्धाय फलं यज्ञतप:क्रिया:।
दानक्रियाश्च विविधा: क्रियन्ते मोक्षकाङ्क्षिभि:॥ 25॥

दोहा—

यह सब कुछ है ईश का, तत् से जाना जाय।
मुक्ति चाह फल विरत पुरु, यज्ञ दान तप भाय॥

~•~

सद्भावे साधुभावे च सदित्येतत्प्रयुज्यते।
प्रशस्ते कर्मणि तथा सच्छब्द: पार्थ युज्यते॥ 26॥

दोहा—

सत् नामों परमात्मा, श्रेष्ठ भाव प्रयोग।
पार्थ! उत्तम कर्म सभी, करे शब्द सत् योग॥

~•~

यज्ञे तपसि दाने च स्थिति: सदिति चोच्यते।
कर्म चैव तदर्थीयं सदित्येवाभिधीयते॥ 27॥

दोहा—

यज्ञ दान तप जो स्थित, ईश कर्म सत दाय।
कर्म ईश के ही लिये, वह सत् कर्म कहाय॥

~•~

अश्रद्धया हुतं दत्तं तपस्तप्तं कृतं च यत्।
असदित्युच्यते पार्थ न च तत्प्रेत्य नो इह॥ 28॥

दोहा—

दान हवन श्रद्धा बिना, तप शुभ कर्म महान।
मृत्यु बाद भी सब असत्, इत उत लाभ न जान॥

ॐ

॥ इति सप्तदश अध्याय॥

□

॥ श्री शारदायै नमः ॥

अथ अष्टादश अध्याय

मोक्ष संन्यास योग

(श्लोक 78)

जन्म-मरण रूप संसार के संबंध से सदा के लिए छूटकर परमानंद स्वरूप परमात्मा को प्राप्त करने का नाम मोक्ष है। इस अध्याय में पूर्वोक्त समस्त अध्यायों का सार-संग्रह करके मोक्ष के उपाय भूत सांख्योग का संन्यास के नाम से और कर्मयोग का त्याग के नाम से अंग-प्रत्यंगों सहित वर्णन किया गया है। साक्षात् मोक्ष रूप परमेश्वर से सर्व-कर्मों का संन्यास यानी त्याग करने के लिए कहकर उपदेश का उपसंहार किया है। (18/66) इसलिए भी इस अध्याय का नाम 'मोक्षसंन्यासयोग' रखा गया है।

दूसरे अध्याय के ग्यारहवें श्लोक से गीता के उपदेश का शुभारंभ हुआ। वहाँ से तीसवें श्लोक तक भगवान् ने 'ज्ञानयोग' का उपदेश दिया और प्रसंगवश क्षात्रधर्म की दृष्टि से युद्ध करने की कर्तव्यता का प्रतिपादन करके उनचालीसवें श्लोक से लेकर अध्याय की समाप्ति पर्यंत 'कर्मयोग' का उपदेश दिया। उसके बाद तीसरे से सत्रहवें अध्याय तक कहीं ज्ञानयोग की दृष्टि से और कहीं कर्मयोग की दृष्टि से परमात्मा की प्राप्ति के बहुत से साधन बतलाए।

सबको सुनने के बाद अर्जुन अठारहवें अध्याय में समस्त उपदेशों का सार जानने के उद्देश्य से भगवान् के सामने संन्यास यानी ज्ञानयोग का और त्याग यानी फलासक्ति के त्याग रूप कर्मयोग का तत्त्व भलीभाँति अलग-अलग जानने की इच्छा प्रकट करते हैं।

• अर्जुन उवाच—

संन्यासस्य महाबाहो तत्त्वमिच्छामि वेदितुम्।
त्यागस्य च हृषीकेश पृथक्केशिनिषूदन॥ 1॥

दोहा—

महाबाहो! वासुदेव! अन्तर्यामिन आप।
तत्त्व त्याग संन्यास को, पृथक् कहें मिट ताप॥

~•~

• श्री भगवान उवाच—

काम्यानां कर्मणां न्यासं संन्यासं कवयो विदुः।
सर्वकर्मफलत्यागं प्राहुस्त्यागं विचक्षणाः॥ 2॥

दोहा—

काम्य कर्म तज पंडित, यह संन्यास बतायँ।
सर्व कर्म फल त्याग को, ज्ञानी त्याग सुनायँ॥

~•~

त्याज्यं दोषवदित्येके कर्म प्राहुर्मनीषिणः।
यज्ञदानतपःकर्म न त्याज्यमिति चापरे॥ 3॥

दोहा—

दोष युक्त तो कर्म है, ज्ञानी कहते त्याग।
यज्ञ दान तप त्याग नहिं, अन्य कहें लो भाग॥

~•~

निश्चयं शृणु मे तत्र त्यागे भरतसत्तम।
त्यागो हि पुरुषव्याघ्र त्रिविधः संप्रकीर्तितः॥ 4॥

दोहा—

पार्थ! त्याग संन्यास में, प्रथम त्याग सुन सार।
सत्-रज् तम यह भेद हैं, त्यागी तीन प्रकार॥

~•~

यज्ञदानतपःकर्म न त्याज्यं कार्यमेव तत्।
यज्ञो दानं तपश्चैव पावनानि मनीषिणाम्॥ 5॥

दोहा—

यज्ञ दान तप त्याग मत, यह कर्तव्य कहायँ।
पवित्र ज्ञानियों को करें, तीनों कर्म बतायँ॥

~•~

एतान्यपि तु कर्माणि सङ्गं त्यक्त्वा फलानि च।
कर्तव्यानीति मे पार्थ निश्चितं मतमुत्तमम्॥ 6॥

दोहा—

पार्थ! यज्ञ तप दान कर्म अन्य कर्तव्य जान।
त्याग कर्म फल आसक्ति, मम मत उत्तम मान॥

~•~

नियतस्य तु संन्यासः कर्मणो नोपपद्यते।
मोहात्तस्य परित्यागस्तामसः परिकीर्तितः॥ 7॥

दोहा—

नियत कर्म का रूप से, त्याग उचित मन जान।
त्याग मोहवश जो करे, उसको तामस मान॥

~•~

दुःखमित्येव यत्कर्म कायक्लेशभयात्त्यजेत्।
स कृत्वा राजसं त्यागं नैव त्यागफलं लभेत्॥ 8॥

दोहा—

सभी कर्म दुख रूप तज, देह क्लेश भय आय।
रज कर्तव्य कर्म तजे, नहीं त्याग फल पाय॥

~•~

कार्यमित्येव यत्कर्म नियतं क्रियतेऽर्जुन।
सङ्गं त्यक्त्वा फलं चैव स त्यागः सात्त्विको मतः॥ 9॥

दोहा—

शास्त्र विधि युत कर्म कर, सभी कर्तव्य मान।
कर्म आसक्ति त्याग फल, वही सात्त्विक जान॥

~•~

न द्वेष्ट्यकुशलं कर्म कुशले नानुषज्जते।
त्यागी सत्त्वसमाविष्टो मेधावी छिन्नसंशयः॥ 10॥

दोहा—

अकुशल कर्म द्वेष नहीं, कुशल आसक्ति हीन।
सत्त्वगुणी संशय रहित, त्यागी ज्ञानी चीन॥

~•~

न हि देहभृता शक्यं त्यक्तुं कर्माण्यशेषतः।
यस्तु कर्मफलत्यागी स त्यागीत्यभिधीयते॥ 11॥

दोहा—

पुरुष कर्म त्यागे सभी, कभी न संभव पाय।
कर्म फलों को त्याग दे, वह त्यागी कहलाय॥

~•~

अनिष्टमिष्टं मिश्रं च त्रिविधं कर्मणः फलम्।
भवत्यत्यागिनां प्रेत्य न तु संन्यासिनां क्वचित्॥ 12॥

दोहा—

अच्छा-बुरा, मिला हुआ, मृत्यु बाद फल पाय।
त्याग न कर त्रयफल मिले, त्यागी सब छुट जाय॥

~•~

पञ्चैतानि महाबाहो कारणानि निबोध मे।
सांख्ये कृतान्ते प्रोक्तानि सिद्धये सर्वकर्मणाम्॥ 13॥

दोहा—

कर्म सिद्धि पा मुक्ति के, पाँच हेतु बतलायँ।
संख्यशास्त्र में कहें, अर्जुन सुन समझायँ॥

~•~

अधिष्ठानं तथा कर्ता करणं च पृथग्विधम्।
विविधाश्च पृथक्चेष्टा दैवं चैवात्र पञ्चमम्॥ 14॥

दोहा—

कर्ता, करण व चेष्टा, अधिष्ठान गिन लेव।
सिद्धि हेतु पाने सुनो, हेतु पाँचवाँ देव॥

~•~

शरीरवाङ्मनोभिर्यत्कर्म प्रारभते नरः।
न्याय्यं वा विपरीतं वा पञ्चैते तस्य हेतवः॥ 15॥

दोहा—

तन मन वाणी से करे, कर्म मनुज जो कोय।
शास्त्र विधि से या उलट, हेतु पाँच में होय॥

~•~

तत्रैवं सति कर्तारमात्मानं केवलं तु यः।
पश्यत्यकृतबुद्धित्वान्न स पश्यति दुर्मतिः॥ 16॥

दोहा—

पर ऐसा होते हुए, मूढ़! यथार्थ न जान।
कर्ता समझे आत्मा, बुद्धि हीनता मान॥

~•~

यस्य नाहंकृतो भावो बुद्धिर्यस्य न लिप्यते।
हत्वापि स इमाँल्लोकान्न हन्ति न निबध्यते॥ 17॥

दोहा—

मैं कर्ता नहीं भावना, लिप्त न जग में आप।
सब लोकों को मारके, मरे न बाँधे पाप॥

~•~

ज्ञानं ज्ञेयं परिज्ञाता त्रिविधा कर्मचोदना।
करणं कर्म कर्तेति त्रिविधः कर्मसंग्रहः॥ 18॥

दोहा—

ज्ञाता ज्ञान और ज्ञेय, कर्म प्रेरणा तीन।
कर्ता कारण क्रिया त्रयी, कर्म संग्रही चीन॥

~•~

ज्ञानं कर्म च कर्ता च त्रिधैव गुणभेदतः।
प्रोच्यते गुणसंख्याने यथावच्छृणु तान्यपि॥ 19॥

दोहा—

ज्ञान कर्म कर्ता गुणों शास्त्र तीन बतलायँ।
कहे गए गुण भेद जो, भलीभाँति सुनवायँ॥

~•~

सर्वभूतेषु येनैकं भावमव्ययमीक्षते।
अविभक्तं विभक्तेषु तज्ज्ञानं विद्धि सात्त्विकम्॥ 20॥

दोहा—

ज्ञान तके हर भूत में, बिन विभाग प्रभु एक।
ज्ञान तके समभाव से, यही सात्त्विक नेक॥

~•~

पृथक्त्वेन तु यज्ज्ञानं नानाभावान्पृथग्विधान्।
वेत्ति सर्वेषु भूतेषु तज्ज्ञानं विद्धि राजसम्॥ 21॥

दोहा—

सर्व भूत में ज्ञान जो, जाने नाना भाव।
यही ज्ञान है जान ले, राजस का अति चाव॥

~•~

यत्तु कृत्स्नवदेकस्मिन्कार्ये सक्तमहैतुकम्।
अतत्त्वार्थवदल्पं च तत्तामसमुदाहृतम्॥ 22॥

दोहा—

कार्य रूप तन एक में, पूर्ण आसक्त ज्ञान।
तत्त्व अर्थ युक्ती बिना, तुच्छ यही तम मान॥

~•~

नियतं सङ्गरहितमरागद्वेषतः कृतम्।
अफलप्रेप्सुना कर्म यत्तत्सात्त्विकमुच्यते॥ 23॥

दोहा—

शास्त्र विधि से कर्म जो, राग द्वेष फल हीन।
कर्ता बिन अभिमान के, कर्म सात्त्विक चीन॥

~•~

यत्तु कामेप्सुना कर्म साहङ्कारेण वा पुनः।
क्रियते बहुलायासं तद्राजसमुदाहृतम्॥ 24॥

दोहा—

कर्मअधिकश्रमयुक्तहो,साथमिलाअभिमान।
बस हो इच्छा भाग की, रजो कर्म यह जान॥

~•~

अनुबन्धं क्षयं हिंसामनपेक्ष्य च पौरुषम्।
मोहादारभ्यते कर्म यत्तत्तामसमुच्यते॥ 25॥

दोहा—

हिंसा हानि विचार नहीं, कर्म शक्ति परिणाम।
कर्मारंभ अज्ञान से, कर्म तामसी नाम॥

~•~

मुक्तसङ्गोऽनहंवादी धृत्युत्साहसमन्वितः।
सिद्ध्यसिद्ध्योर्निर्विकारः कर्ता सात्त्विक उच्यते॥ 26॥

दोहा—

कर्म धैर्य उत्साह हो, अहं वचन से हीन।
सिद्धि असिद्धि हर्ष शोक, निर्विकार सत् चीन॥

~•~

रागी कर्मफलप्रेप्सुर्लुब्धो हिंसात्मकोऽशुचिः।
हर्षशोकान्वितः कर्ता राजसः परिकीर्तितः॥ 27॥

दोहा—

हर्ष शोक में लिप्त जो, लोभी पर दुख दाय।
फल इच्छा आसक्ति मय, रज अशुद्ध कहलाय॥

~•~

अयुक्तः प्राकृतः स्तब्धः शठो नैष्कृतिकोऽलसः।
विषादी दीर्घसूत्री च कर्ता तामस उच्यते॥ 28॥

दोहा—

धूर्त घमंडी आलसी, पर जीविका मिटाय।
शोक दीर्घसूत्र अशिक्षित, तम अयुत कहलाय॥

~•~

बुद्धेर्भेदं धृतेश्चैव गुणतस्त्रिविधं शृणु।
प्रोच्यमानमशेषेण पृथक्त्वेन धनञ्जय॥ 29॥

दोहा—

बुद्धिका धृति का गुन सुन, होते तीन प्रकर।
कहूँ भेद अब धनंजय! क्रम विभाग अनुसार॥

~•~

प्रवृत्तिं च निवृत्तिं च कार्याकार्ये भयाभये।
बन्धं मोक्षं च या वेत्ति बुद्धिः सा पार्थ सात्त्विकी॥ 30॥

दोहा—

बुद्धि प्रवृत्ति निवृत्ति जो, मूल भय अभय जान।
मोक्ष बंध अकर्म कर्म, धृति यथार्थ सत् ज्ञान॥

~•~

यया धर्ममधर्मं च कार्यं चाकार्यमेव च।
अयथावत्प्रजानाति बुद्धिः सा पार्थ राजसी॥ 31॥

दोहा—

कर्तव्य अकर्तव्य को, धर्म अधर्म न जान।
पार्थ! यथार्थ न जानती, बुद्धि राजसी मान॥

~•~

अधर्मं धर्ममिति या मन्यते तमसाऽऽवृता।
सर्वार्थान्विपरीतांश्च बुद्धिः सा पार्थ तामसी॥ 32॥

दोहा—

बुद्धि तमोगुण से घिरी, सब पदार्थ विपरीत।
माने धर्म अधर्म को, यही तामसी नीत॥

~•~

धृत्या यया धारयते मनःप्राणेन्द्रियक्रियाः।
योगेनाव्यभिचारिण्या धृतिः सा पार्थ सात्त्विकी॥ 33॥

दोहा—

जो धृति अव्यभिचारिणी, धारण शक्ति रखाय।
क्रिया प्राण मन इंद्रियाँ, ध्यान योग सत पाय॥

~•~

यया तु धर्मकामार्थान् धृत्या धारयतेऽर्जुन।
प्रसङ्गेन फलाकाङ्क्षी धृतिः सा पार्थ राजसी॥ 34॥

दोहा—

फलइच्छाआसक्तिअति, धारणशक्तिकरायँ।
अर्थ काम धारण धरम, अर्जुन! रजो कहायँ॥

~•~

यया स्वप्नं भयं शोकं विषादं मदमेव च।
न विमुञ्चति दुर्मेधा धृतिः सा पार्थ तामसी॥ 35॥

दोहा—

दुष्ट बृद्धि बल धारता, नींद, शोक, भय लीन।
दुख घमंड त्यागे नहीं, यह तामस धृति चीन॥

~•~

सुखं त्विदानीं त्रिविधं शृणु मे भरतर्षभ।
अभ्यासाद्रमते यत्र दुःखान्तं च निगच्छति॥ 36॥

दोहा—

अब सुन अर्जुन! तीन सुख भजन ध्यान सेवादि।
जो साधक इनमें रमें, नष्ट होय दुख आदि॥

~•~

यत्तदग्रे विषमिव परिणामेऽमृतोपमम्।
तत्सुखं सात्त्विकं प्रोक्तमात्मबुद्धिप्रसादजम्॥ 37॥

दोहा—

ऐसा सुख आरंभ में, विष सम होय प्रतीत।
अमृत तुल्य परिणाम हों, उपजे सत् सुख रीत॥

~•~

विषयेन्द्रियसंयोगाद्यत्तदग्रेऽमृतोपमम्।
परिणामे विषमिव तत्सुखं राजसं स्मृतम्॥ 38॥

दोहा—

इंद्रिय विषय संयोग सुख, लगता अमृत समान।
विष सम फिर परिणाम हो, राजस सुख यह जान॥

~•~

यदग्रे चानुबन्धे च सुखं मोहनमात्मनः।
निद्रालस्यप्रमादोत्थं तत्तामसमुदाहृतम्॥ 39॥

दोहा—

सुख जो मोहे आत्मा, भोग समय परिणाम।
निद्रा आलस्य प्रमादः तामस सुख के काम॥

~•~

न तदस्ति पृथिव्यां वा दिवि देवेषु वा पुनः।
सत्त्वं प्रकृतिजैर्मुक्तं यदेभिः स्यात्त्रिभिर्गुणैः॥ 40॥

दोहा—

गगन धरा या देवता, सत्त्व नहीं है कोय।
प्रकृति से पैदा हुआ, रहित त्रय गुणों होय॥

~•~

ब्राह्मणक्षत्रियविशां शूद्राणां च परंतप।
कर्माणि प्रविभक्तानि स्वभावप्रभवैर्गुणैः॥ 41॥

दोहा—

ब्राह्मण क्षत्रिय वैश्य शुद्रों कर्म प्रकार।
कर्म सुभाव यथा गुणों, बाँटे उस अनुसार॥

~•~

शमो दमस्तपः शौचं क्षान्तिरार्जवमेव च।
ज्ञानं विज्ञानमास्तिक्यं ब्रह्मकर्म स्वभावजम्॥ 42॥

दोहा—

हृदय निग्रह इंद्रिय दमन, क्षमाशील स्वभाव।
तन मन इंद्रिय सरल हों, परम शुद्धि तप चाव॥ अ॥
वेद शास्त्र यज्ञ अनुभव, श्रद्धा सहित सुहाय।
भाव आस्तिक हों सभी, कर्म ब्राह्मण भाय॥ ब॥

~•~

शौर्यं तेजो धृतिर्दाक्ष्यं युद्धे चाप्यपलायनम्।
दानमीश्वरभावश्च क्षात्रं कर्म स्वभावजम्॥ 43॥

दोहा—

शूरवीर शासक चतुर, तेज धैर्य रण चाव।
प्रजा रक्षक दानी महा, क्षत्रिय कर्म स्वभाव॥

~•~

कृषिगोरक्ष्यवाणिज्यं वैश्यकर्म स्वभावजम्।
परिचर्यात्मकं कर्म शूद्रस्यापि स्वभावजम्॥ 44॥

दोहा—

गौपालन खेती करे, क्रय-विक्रय व्यवहार।
वैश्य कर्म स्वाभाविक, शूद्र सेव रत सार॥

~•~

स्वे स्वे कर्मण्यभिरतः संसिद्धिं लभते नरः।
स्वकर्मनिरतः सिद्धिं यथा विन्दति तच्छृणु॥ 45॥

दोहा—

अपने-अपने कर्म में, नर तत्पर लग मान।
सिद्धि पाय सम्यक् वही, कैसे तू विधि जान॥

~•~

यतः प्रवृत्तिर्भूतानां येन सर्वमिदं ततम्।
स्वकर्मणा तमभ्यर्च्य सिद्धिं विन्दति मानवः॥ 46॥

दोहा—

पूर्ण प्राणि उत्पत्ति जो, ईश सर्व जग व्याप।
पूज उसे स्व कर्म से, परम सिद्धि पा आप॥

~•~

श्रेयान्स्वधर्मो विगुणः परधर्मात्स्वनुष्ठितात्।
स्वभावनियतं कर्म कुर्वन्नाप्नोति किल्बिषम्॥ 47॥

दोहा—

उचित आचरण पर-धर्म, निज गुण रहित महान।
नियत स्वधर्म स्वभाव में, पाप कर्म छुट मान॥

~•~

सहजं कर्म कौन्तेय सदोषमपि न त्यजेत्।
सर्वारम्भा हि दोषेण धूमेनाग्निरिवावृताः॥ 48॥

दोहा—

दोष युक्त स्व कर्म भी, सहज कर्म मत त्याग।
कर्म दोष कुछ तो रहें, होय धुएँ में आग॥

~•~

असक्तबुद्धिः सर्वत्र जितात्मा विगतस्पृहः।
नैष्कर्म्यसिद्धिं परमां संन्यासेनाधिगच्छति॥ 49॥

दोहा—

अनासक्त स्पृहा रहित, हृदय जीत जो जाय।
सांख्यशास्त्र से सिद्धि, नैष्कर्म्य वह पाय॥

~•~

सिद्धिं प्राप्तो यथा ब्रह्म तथाप्नोति निबोध मे।
समासेनैव कौन्तेय निष्ठा ज्ञानस्य या परा॥ 50॥

दोहा—

ज्ञान योग निष्ठा परा, आय ब्रह्म को पायँ।
पार्थ! नैष्कर्म्य सिद्धि, कैसे मिले सुनायँ॥

~•~

बुद्ध्या विशुद्धया युक्तो धृत्याऽऽत्मानं नियम्य च।
शब्दादीन् विषयांस्त्यक्त्वा रागद्वेषौ व्युदस्य च॥ 51॥

दोहा—

शुद्ध बुद्धि से युक्त नित, भोज सात्त्विक भाय।
राग द्वेष त्यागे विषय, शब्द आदि तज वाय॥

~•~

विविक्तसेवी लघ्वाशी यतवाक्कायमानसः।
ध्यानयोगपरो नित्यं वैराग्यं समुपाश्रितः॥ 52॥

दोहा—

तन मन वश वाणी करे, सत बल धारण पाय।
एकांत प्रिय संयमी, पूर्ण बैराग्य आय॥

~•~

अहङ्कारं बलं दर्पं कामं क्रोधं परिग्रहम्।
विमुच्य निर्ममः शान्तो ब्रह्मभूयाय कल्पते॥ 53॥

दोहा—

काम अहं बल क्रोध भी घमंड परिग्रह त्याग।
ध्यान निरंतर योग में, रहे परायण जाग॥ अ॥
साधक ममता रहित हो, शांतिपूर्वक ध्यान।
अभिन्न भाव स्थित ब्रह्म, पात्र होय वह मान॥ ब॥

ब्रह्मभूतः प्रसन्नात्मा न शोचति न काङ्क्षति।
समः सर्वेषु भूतेषु मद्भक्तिं लभते पराम्॥ 54॥

दोहा—

स्थित एकीभाव ब्रह्म, मन प्रसन्न युत होय।
शोक मुक्त योगी रहे, इच्छा करे न कोय॥ अ॥
पूर्ण प्राणियों में रखे, सदा भाव सम जान।
पराभक्ति मेरी मिले, ऐसा योगी मान॥ ब॥

भक्त्या मामभिजानाति यावान्यश्चास्मि तत्त्वतः।
ततो मां तत्त्वतो ज्ञात्वा विशते तदनन्तरम्॥ 55॥

दोहा—

पराभक्ति से वह मुझे,
पूर्ण जान ले हाल।
तत्त्व जान उस भक्ति से,
प्रभु प्रविष्ट तत्काल॥

सर्वकर्माण्यपि सदा कुर्वाणो मद्व्यपाश्रयः।
मत्प्रसादादवाप्नोति शाश्वतं पदमव्ययम्॥ 56॥

दोहा—

मुझे परायण जो हुआ, मेरी किरपा आय।
कर्म करे योगी सदा, अविनाशी पद पाय॥

~•~

चेतसा सर्वकर्माणि मयि संन्यस्य मत्परः।
बुद्धियोगमुपाश्रित्य मच्चित्तः सततं भव॥ 57॥

दोहा—

पूर्ण कर्म अर्पित मुझे, नित्य परायण भाय।
शरण समबुद्धियोग हो, मुझमें चित्त लगाय॥

~•~

मच्चित्तः सर्वदुर्गाणि मत्प्रसादात्तरिष्यसि।
अथ चेत्त्वमहङ्कारान्न श्रोष्यसि विनङ्क्ष्यसि॥ 58॥

दोहा—

चित्त लगा मेरी कृपा, पाय सब दुखों पार।
करें अहंवश अनसुनी, नष्ट भ्रष्ट हो सार॥

~•~

यदहङ्कारमाश्रित्य न योत्स्य इति मन्यसे।
मिथ्यैष व्यवसायस्ते प्रकृतिस्त्वां नियोक्ष्यति॥ 59॥

दोहा—

तू आश्रय ले अहं का, यही रहा है मान।
युद्ध करूँगा मैं नहीं, निश्चय मिथ्या जान॥ अ॥
सोच समझ अर्जुन यही, बात समझ तू पाय।
तेरी प्रकृति स्वभाव ही, युद्ध बलात् लगाय॥ ब॥

~•~

स्वभावजेन कौन्तेय निबद्धः स्वेन कर्मणा।
कर्तुं नेच्छसि यन्मोहात्करिष्यस्यवशोऽपि तत्॥ 60॥

दोहा—

मोह वशी जिस कर्म को, करना चाह न मान।
पूर्व बँधा निज कर्म से, परवश करे सुजान॥

~•~

ईश्वरः सर्वभूतानां हृद्देशेऽर्जुन तिष्ठति।
भ्रामयन्सर्वभूतानि यन्त्रारूढानि मायया॥ 61॥

दोहा—

देह यंत्र आरूढ़ वह, माया भ्रमण कराय।
ईश बसे सबके हृदय, अर्जुन कर्म लगाय॥

~•~

तमेव शरणं गच्छ सर्वभावेन भारत।
तत्प्रसादात्परां शान्तिं स्थानं प्राप्स्यसि शाश्वतम्॥ 62॥

दोहा—

पार्थ! शरण उस ईश की, जा किरपा पा जाय।
तू पाए शांति परम, धाम सनातन पाय॥

~•~

इति ते ज्ञानमाख्यातं गुह्याद्गुह्यतरं मया।
विमृश्यैतदशेषेण यथेच्छसि तथा कुरु॥ 63॥

दोहा—

ज्ञान कहा मैंने तुझे, गोपनीय विस्तार।
जैसा चाहे कर वही, करके गहन विचार॥

~•~

सर्वगुह्यतमं भूयः शृणु मे परमं वचः।
इष्टोऽसि मे दृढमिति ततो वक्ष्यामि ते हितम्॥ 64॥

दोहा—

गोपनीय अति मम वचन, फिर रहस्य सुन सार।
तू अति प्रिय मुझको अतः, हितकर सुन उपकार॥

~•~

मन्मना भव मद्भक्तो मद्याजी मां नमस्कुरु।
मामेवैष्यसि सत्यं ते प्रतिजाने प्रियोऽसि मे॥ 65॥

दोहा—

मुझमें रम मम भक्त बन, मुझको पूज प्रणाम।
सत्य प्रतीज्ञा मैं करूँ, तू प्रिय पा मुझ धाम॥

~•~

सर्वधर्मान्परित्यज्य मामेकं शरणं व्रज।
अहं त्वा सर्वपापेभ्यो मोक्षयिष्यामि मा शुचः॥ 66॥

दोहा—

सर्व धर्म कर्तव्य को, मुझमें कर बस त्याग।
शोक न कर मम शरण आ, पाप मुक्ति दूँ जाग॥

~•~

इदं ते नातपस्काय नाभक्ताय कदाचन।
न चाशुश्रूषवे वाच्यं न च मां योऽभ्यसूयति॥ 67॥

दोहा—

मनुज रहित तप भक्ति से, मुझमें दोष बताय।
इच्छुक सुनने का न हो, उसको नहीं सुनाय॥

~•~

य इमं परमं गुह्यं मद्भक्तेष्वभिधास्यति।
भक्तिं मयि परां कृत्वा मामेवैष्यत्यसंशयः॥ 68॥

दोहा—

परम प्रेम मुझसे रखे, उसे रहस्य सुनायँ।
मेरे भक्तों से कहें, मुझे असंशय पायँ॥

~•~

न च तस्मान्मनुष्येषु कश्चिन्मे प्रियकृत्तमः।
भविता न च मे तस्मादन्यः प्रियतरो भुवि॥ 69॥

दोहा—

पुरुष कार्य मेरा करे, उससे प्रिय नहिं कोय।
उससे बढ़ प्रिय भूमि पे, नहिं भविष्य में होय॥

~•~

अध्येष्यते च य इमं धर्म्यं संवादमावयोः।
ज्ञानयज्ञेन तेनाहमिष्टः स्यामिति मे मतिः॥ 70॥

दोहा—

पुरुष धर्ममय जो पढ़े, दोनों का संवाद।
ज्ञान यज्ञ से पुजित मैं, होऊँ मम मत नाद॥

~•~

श्रद्धावाननसूयश्च शृणुयादपि यो नरः।
सोऽपि मुक्तः शुभाँल्लोकान्प्राप्नुयात्पुण्यकर्मणाम्॥ 71॥

दोहा—

श्रोता श्रद्धा युक्त जो, दोष दृष्टि से हीन।
पापमुक्त गीता सुने, उच्च लोक पा चीन॥

~•~

कच्चिदेतच्छ्रुतं पार्थ त्वयैकाग्रेण चेतसा।
कच्चिदज्ञानसंमोहः प्रनष्टस्ते धनञ्जय॥ 72॥

दोहा—

पार्थ! सुन लिया क्या इसे, एकचित्त रख ध्यान।
नष्ट हुआ क्या धनंजय! तेरा मोह अज्ञान॥

~•~

• अर्जुन उवाच—

नष्टो मोहः स्मृतिर्लब्धा त्वत्प्रसादान्मयाच्युत।
स्थितोऽस्मि गतसन्देहः करिष्ये वचनं तव॥ 73॥

दोहा— हे अच्युत!

मोह नष्ट मुझ आपकी, कृपा स्मृति अब आन।
संशय मिट अब आपकी, आज्ञा पालन मान॥

~•~

• संजय उवाच—

इत्यहं वासुदेवस्य पार्थस्य च महात्मनः।
संवादमिममश्रौषमद्भुतं रोमहर्षणम्॥ 74॥

दोहा—

अर्जुन वासुदेव मध्य, रोम हर्ष क्षण आय।
इस अद्भुत संवाद को, मैंने सुना-सुनाय॥

~•~

व्यासप्रसादाच्छ्रुतवानेतद्गुह्यमहं परम्।
योगं योगेश्वरात्कृष्णात्साक्षात्कथयतः स्वयम्॥ 75॥

दोहा—

अर्जुन गुप्त योग सुना, योगेश्वर बतलाय।
दिव्यदृष्टि मुझ व्यास दी, देख प्रत्यक्ष सुनाय॥

~•~

राजन्संस्मृत्य संस्मृत्य संवादमिममद्भुतम्।
केशवार्जुनयोः पुण्यं हृष्यामि च मुहुर्मुहुः॥ 76॥

दोहा—

कृष्णार्जुन संवाद नृप! अद्भुत स्मरण आय।
सुन रहस्य कल्याण मैं, बार-बार हर्षाय॥

~•~

तच्च संस्मृत्य संस्मृत्य रूपमत्यद्भुतं हरेः।
विस्मयो मे महान् राजन् हृष्यामि च पुनः पुनः॥ 77॥

दोहा—

नृप! अति विलक्षण रूप हरि, मुझको स्मरण आय।
आश्चर्य अति चित्त मम, पुनः-पुनः हर्षाय॥

~•~

यत्र योगेश्वरः कृष्णो यत्र पार्थो धनुर्धरः।
तत्र श्रीर्विजयो भूतिर्ध्रुवा नीतिर्मतिर्मम॥ 78॥

दोहा—

जहाँ कृष्ण योगेश्वर! स्वयं श्रीभगवान।
गाण्डीव धनु को धरें, पार्थ जहाँ हैं जान॥ अ॥
श्री विभूति विजय अचल, नीति वहीं पर मान।
मेरा मत ऐसा रहे, बस अब इतना जान॥ ब॥

ॐ

॥ इति अष्टादश अध्याय॥

□□□